Colección Orishas

Tratado de

Ọbàtálá

MARCELO MADAN

Nota a esta edición

Esta reedición, "Colección Orishas", que realmente es un nuevo enfoque de la antigua "Serie los Orishas". Por cuanto a que ha sido modificado y se ha incluido un capítulo, donde se tratan otros interesantes aspectos sobre la regla de los Orishas en África y Brasil, así como también tratamos aquí con una visión un poco científico-esotérica, el por qué y las circunstancias en el momento "crítico" del asentamiento del Yoko Osha a las personas.

Les aseguramos que le resultará muy interesante, ameno y a la vez, cumplimos con nuestro sagrado propósito de contribuir a elevar sus conocimientos en la práctica y la teología, de estas enigmáticas y legendarias deidades Yorubas.

La Editora.

AGRADECIMIENTOS

Dedico esta edición, a la memoria de mis amigos personales Lamberto Samá y Lázaro Ros, con mucha devoción y respeto a mis ahijados consagrados en estos Òrìṣàs. Y en especial, a mis amigos lectores que han seguido con sumo interés todas mis obras, a ustedes, mi bendición y mil gracias por su gentil preferencia.

El Autor   ¡Àṣe oo..!

CONTEIDO

Prólogo

Es bien difícil para los seres humanos a mi juicio, hablar o describir las características del supremo dios, de quien incluso, no tenemos ideas ya que se nos presenta en todo y en todas partes, está dentro de nosotros mismos, sólo Ibuyin (mucho respeto), admiración y veneración.

Obatalá no es el orisha del que se pueda decir mucho sin el temor de ofenderle pues es toda pureza, lo blanco, lo inmaculado, la dejación absoluta de toda ostentación, gala de toda sencillez y humildad. Por eso es ejemplo de virtud, no fue por otras razones que fue escogido por Olodumare (el dios creador) para el gobierno del mundo y máximo responsable de todas las cabezas y a quien le encomendara el complemento y perfección de los seres humanos en le tierra, y es por ende, quien tiene que ver con las imperfacciones físicas de estos seres.

Justo y supremo juez a quien todos dirigimos nuestras quejas y lamentos. Es el orisha de la energía más cercana a la pureza creada por Olodumare.

Obatalá es la única deidad capáz de calmar la ira y la severidad de cualquiera de los oshas, así hizo encadenar al mismisimo Olokun en su palacio en las profundidades del mar, cuando éste no obedeció a sus peticiones de clemencia ante la severidad de sus castigos para con sus hijos.

Obatalá representa la calma, la sabiduría, la experiencia es por ello el respeto a las canas de que se habla en el Odu Baba Eyiogbe. En toda persona mayor de edad, está representada una parte sustancial de lo que se aquivale con la efigie de lo que suponemos sea Obatalá.

Este libro editado por Ediciones Orunmila como parte de la colección orishas, compila todo cuanto se ha escrito alrededor de éste importante osha, y les brinda a nuestros lectores la posibilidad de adentrarse en los conocimientos más importantes de esta deidad yoruba, en el interés de contribuir a una mejor comprensión y profundización de los valores místicos de nuestra encestral religión lukumí.

Capítilo I

Apuntes Mitológicos sobre Obatalá

En el principio de las cosas, cuando Olodumare bajó al mundo, se hizo acompañar de su hijo Obatalá. Debajo del cielo solo había agua, entonces Olodumare le entregó a Obatalá un poco de tierra metido en el carapacho de una babosa y una gallina. Obatalá echó la tierra formando un montículo en medio del mar. La gallina se puso a escarbar y regó la tierra formando el mundo que hoy conocemos.

Olodumare también le ordenó que culminara la tarea de crear al hombre y lo hizo poniéndole las cabezas en los hombros, es por eso que Obatalá es el dueño de las cabezas.

En cierta ocasión los hombres estaban preparando grandes fiestas en honor de los Orishas, pero por un descuido se olvidaron de Yemayá.

Furiosa, conjuró al mar que empezó a tragarse la tierra, daba miedo verla cabalgar, lívida, sobre la más alta de las olas, con su abanico de plata en las manos. Los hombres espantados no sabían que hacer e invocaban a Obatalá entonces fue cuando Obatalá se interpuso, levantó su opayé (cetro), y le ordenó a Yemayá que se detuviera.

Por respeto la dueña del mar atajó a las aguas y prometió desistir de su cólera y es que, si Obatalá los hizo, no puede dejar que otro los destruya.

Obatalá es Orisha mayor, creador de la tierra y escultor de los hombres. Es la deidad pura por excelencia, dueño de todo lo blanco, de la cabeza, de los pensamientos y de los sueños. Hijo de Olodumare, mandado por éste para bien y como rey, es misericordioso y amante de la paz y la armonía.

Es respetado por todos los Orishas. No admite que nadie se desnude en su presencia ni sea grosero, sus hijos deben ser muy respetuosos.

Tiene ventiún caminos o avatares. El castillo que le pertenece tiene diesiséis ventanas y sus sacerdotes se llaman Oshabí.

Obatalá es el Orisha de la creación es el dueño de todas las cabezas, su nombre se compone de dos vocablos: **Oba**-rey, ta-brillar sobre, lo grande, "Obatalá: rey, sobre todo, se dice que fue el que esculpió la forma del hombre en el vientre de las mujeres, es uno de los Osha más viejos.

Se dice que tiene igual que Oduduwa, abatares divididos en aspectos femeninos y masculinos, los más antiguos de todos los Obatalá son del primer matrimonio compuesto por Oshalufón y Orisha Ayé.

Hay una controversia sobre los Orishas femeninos en cuba a los cuales se le saca las ota y se le deja sólo el dilogún, las piezas un caracol de mar largo de la especie Cobo o kinkonk, que representa el aspecto místico de Orisha Ayé, donde se dice que los Obatalá hembras nacieron en el mar y los machos en la tierra y de la unión de ambos se creó la especie humana en general.

En la región de Oba Nigeria, en Cuba, Brasil y otras partes de América latina, es conocido como Obatalá que significa: el rey es grande.

Otras maneras de llamarlo:

Obati Alá: El rey vestido de blanco.

Oríşa Popo: En Ogbomoso Nigeria.

Oríşa Ijaye: En Ijaye Nigeria.

On'şa Onile: En Ugbo Nigeria

Obatalá Ba u Obatalá: El rey que brilla sobre todo lo que Existe, en Nigeria.

Obienwen: En la región de Benin.

Osere-Igho: Otro nombre con el que es conocido en Nigeria.

Ogh Ene: En la región de Benin.

Ofisa Orílafin: En lwodin Nigeria.

Orísaoko: En Oko Nigeria.

On'sakire: En Ikire Nigeria.
Orísagiyan: En Ejigbo Nigeria.

Agbomoso: En Ketu, Sabe Nigeria.

Osagrian: En Ejigbo Nigeria.

Orísaowu: En Owu Nigeria.

Osísajaye: En Ijaye Nigeria.

Adjagunan: En Ketu Nigeria y Sabe.

Alá bá lá se: El proponente que empuña
El cetro.

A-té-rere-k-aiye: El quien se disemina sobre toda la
extensión de La tierra.

Alámó rere: El que trata con la arcilla escogida con la que
se moldea al hombre

Un aspecto que merece especial atención es que en África
este Orisha (orishanlá) no es considerada como una
divinidad femenina como algunos piensan. Según cuenta la
mitología Yorubá fue creado por Olodumare a su imagen y
semejanza y, además, para él se hizo una esposa: Yembóo.

Otras notas sobre Obatalá

Obàtálá (Òrìnsánlá)*

Este Irúnmolè ocupa una de las más importantes
posiciones entre las Deidades en el cielo. Es uno de los
favoritos de Òlódùmarè. En consecuencia, es un Irúnmolè
privilegiado en el dominio de Òlódùmarè.

Obàtálá juega un rol prominente durante la creación del universo y la creación de la humanidad. Él no era muy exitoso durante la creación del universo, pero fue extremadamente exitoso durante la creación de la humanidad. Esta escrito que Obàtálá fue el Irúnmolè que diseñó todas las partes humanas: cabeza, nariz, orejas, lengua, manos, uñas, pies, etc.- antes que Òdódùmarè soplara el aliento de vida en el hombre. Aunque se cree que las deformidades físicas y mentales del hombre como el ser albino, discapacitado, sordomudos, ciego, retrasado y (*) Del libro la llave del entendimiento de Fasina Falade

demás, son resultado de algunas "fallas o errores" de Obàtálá, pero en realidad estas "fallas y errores" son de uno de los ayudantes de Obàtálá conocido como Edén béléjé tíí se Omoyé olíIgbó. Este Irúnmolè es el confindente más cercano de Obàtálá, aunque todos culpen a Obàtálá por estas deformidades.

Obàtálá pone énfasis en la honestidad y la piedad. Se espera que todos los seguidores sean puros y fieles. Obàtálá usa vestidos blancos todo el tiempo y se espera que sus seguidores usen igualmente el blanco, como un símbolo de pureza.

Símbolos de Obàtálá

Los símbolos de Obàtálá incluyen la vestimenta blanca, tiza (Efun), cuentas blancas (Ilèkè-séséefun), tambores de plomo usados por los seguidores de Obàtálá y una estatua humana hecha de plomo y calabaza blanca con la cubierta pintada con gis.

Ojúbo (Altar)

El altar de Obàtálá consiste en lo siguiente: estatua humana hecha de plomo, equipo de Obàtálá conocido como "Òpá Òsooro" doble gong o dos gongos unidos conocidos como "Àjìjà", un bote de Orìsà conocido como "Àwè", en el que cada mañana se lleva agua a la capilla, (esta agua se cambia cada mañana y se pone agua fresca en el bote. Es un tabú el usar agua vieja o el llevar el agua un día antes) y un tapete de Obàtálá conocido como "èèkan".

Esta capilla es normalmente una casa pequeña pintada con cal blanca en donde se alimenta la Deidad. En ausencia de una capilla, el monte puede ser usado para representar a Obàtálá.

Materiales de alimentación

Caracoles
Gis
Mantequilla de vaina
Vegetales preparados con mantequilla de vaina
Cabra (blanca)
Gallina (blanca)
Nuez de cola blanca
Camote pesado
Cerveza de mijo

Tabúes

Vino de palma
Aceite de palma
Aceite de semilla de palma

La Sal (la comida preparada para Obàtálá no debe de contener sal)
Cerveza de maíz
Perro
Puerco
Agua rancia
Máscaras claras (ninguna máscara debe de entrar a la capilla y no deben de usar disfraces)

Modo de alimentar

Obàtálá debe de ser alimentado arrodillándose frente a la capilla y en medio de la oscuridad.

Obatalá**

Es el creador de los demás orishas. En Obatalá está representada la creatividad del resto de los orishas. Cuando Olodumare creó la vida humana en le tierra, hizo a Obatalá a su semejanza (equivalente a Adán) y él se encargó de velar por el planeta y por sus criaturas. Él dirige todo en este mundo y cuida que todo salga bien. Es el verdadero representante de Olodumare en este Ará, a él se le dio la misión de asignar rango a todos los otros orishas. En Obatalá nace la luz y la oscuridad, la vida y la muerte, lo bueno y lo malo, así como la sangre roja, si la sangre no corre por las venas, no hay vida humana. Él tiene la potestad y el mandato suficiente sobre todos los orishas, ya que cuando hay guerra de santo él es el intermediario y él impone el respeto.

Obatalá el único juez de esta religión pues su palabra es ley. Es el dios de las casas y a él se le pide cuando se quiere conseguir un hogar propio. En él nace todo lo puro y espiritual de esta vida.

13

Cuando Olokun trató de devorar la tierra con altas mareas, porque los hijos de ésta le echaban basura en su casa, Obatalá lo encadenó al fondo del mar y aplacó su ira. Obatalá es el único Orisha que habla en todos los Odu del dilogún (del 1 ...al 16), sin importar el santo que tenga asentado la persona en cuestión, siempre tendrá que estar recostado de éste orisha para que la paz reine en su vida y en su casa. Es Eleguá el primero en comer y rendirle moforibale (honores).

(**) Del libro "Tratado del cuarto de santo"
Obatalá es la cabeza de esta religión (recuerde que la cabeza es la que rige el cuerpo). Cuando hay problemas de justicia, es Obatalá el que se le hace rogación a fin de que todo salga bien. Obatalá es el orisha que se encarga de juzgarnos aquí en la tierra. Cuando observamos que un Iwolo(santero) desea o realiza un daño para sus semejantes, piense y asegure que no sabe lo que hace, porque lo que haga en este plano terrenal, lo pagará tarde o temprano; Obatalá se encargará de que lo pague con lágrimas de sangre. El santo es para hacer bien y nunca para hacer mal: Cuando una persona de esta religión se dedica hacer mal, mediante otras religiones que de África llegaron, Obatalá se encarga tarde o temprano de que tenga su merecido (eh aquí lo antagónico entre estas religiones y el porqué los santeros tienen que renunciar a ellas). Desde el momento que una persona asienta santo, entre otros, está jurando hacer el bien por sobre todas las cosas, así como el deber de ayudar a sus semejantes, pues en su programación astral él fue escogido para eso y ya su destino está en manos de los santos y de Olodumare.

Obatalá es la mayor deidad del panteón yoruba, ya que en él está significando terrenalmente a Olodumare. Este orisha está encargado de la justicia y la paz de los seres humanos. Él es el único juez de esta religión y es el orisha de mayor rango, pues fue el primero que bajó a la tierra. Oba. - significa poderoso, rey. Tela. - significa derramar, extensión, expansión. Obatalá significa rey de todos los santos.

Òbàtála ***

Esta palabra se deriva en lengua *Lúkúmí* de: *Oba* – rey; *ta* – brillar, relucir; *àlà* – manto, ropa blanca. Es el alfarero del universo. Es la *Òṣà* de la pureza y de la creación, protectora de los seres deformes. Representa a *Òlódùmarè* (el supremo) en la tierra, por lo que es considerado padre de todas las cabezas. También es el *Òrìṣà* de la Justicia. Vive en lugares altos. Las mujeres embarazadas le hacen sacrificios para asegurarse de tener un niño perfecto y saludable.

Òṣà de la pureza y limpieza espiritual. Es tabú para los seguidores ingerir bebidas alcohólicas, carne de caballo, pimientas y comidas con mucha sazón o especias. Los alimentos blancos y sensibles le harán una vida más confortable y larga. Se recibe para mantener todo lo que hemos creado con el fruto de nuestro trabajo y para tener niños. Es adorado en la ciudad de Ifon y es oriundo de Iranje en Nigeria.

(***) Del libro "La Lengua Ritual Lukuní

Los albinos son sus seguidores. Nuestros abuelos *Lúkúmí* le decían: *Obàtálá bi ìrí oníwà oníwà laanú* – *Òbàtála engendró la forma de la persona de buen carácter, de un carácter bondadoso* – Algunos de sus oríki son: *Eleeríbó (a la persona sucia libera), Òṣàgìrìyan (Òṣà que con convulsión camina paso a paso), Oba Mọrò (rey que construye con habilidad), Ajàgúnna (quien hace guerra azotando), Òṣànlá (la gran Òṣà), Obanla (el*

15

gran rey), etc. Su collar es confeccionado con cuentas blancas. En Cuba se sincretiza con la *"Virgen de las Mercedes"*; para los brasileños con *"Cristo"*; para los dahomeyanos con *"Somaddonu"*; para los **Bantú** representa *"Tiembla Tierra"*; para los amerindios *"Monhan"*; para los griegos *"Helios"* y para los egipcios *"Khnum"*. Su ewé principal es el **Ewé Òwú** – Algodón (*gossypium barbadense*). Los animales que se le sacrifican son: chivas blancas embarazadas, gallinas blancas, palomas blancas y babosas blancas. Los sacrificios se le hacen en un recinto oscuro y sus tabú son la sal, las bebidas alcohólicas, caballo, millo, perros, ñames machacados y todos los tintes. Vive totalmente en la oscuridad, en casos extremos se le encienden velas, indicadas por *Ifá* o por el *dílògún*. Las ofrendas de comidas ofrecidas a *Òbàtála* son la leche de vaca, frutas blancas, merengues con clara de huevos, *Èkuru* (frijoles blancos y cocidos en agua caliente).

Nota de importancia: Cuando el devoto de *Òbàtála* se desarmoniza con esta *Òṣà* o no toma en cuenta sus tabues y no acata los requerimientos que se exigen, son afectados con problemas de alcoholismo y deterioro físico.

Invocación a Òbàtála:

Obàtálá bi ìrí oníwà,
oníwà laanú,
eepà bàbá ó dù mí là,
Oodúa àrèmo,
Òṣànla,
Ajagunnà,
Eleerí bó,
Jé ó kú làgbà, ó kú àlà àṣe ológbò,

16

aṣe tó, aṣe bo, aṣe ariku bàbáwà.

Obatala biriniwa,
Oniwalanu
Jekua, baba odumila
Oduaremo
Oshanla
Ayaguna
Eleribó
Ye okulagba, oku ala
Ashe ológbo
Ashe to, Ashe bó, Ashe ariku babawa.

Obatala engendró la forma de la persona de buen carácter, de un carácter bondadoso, bienvenido padre, no me rechaces ser salvado, a Oodúa el primogénito, el gran santo fue el guerrero que azotó, la persona sucia libera, permiteme no morir y llegar a viejo, no morir con ropa blanca, permiso de llegar a la vejez, facultad para componer, para sacrificar y para ver la muerte de nuestro padre.

Capítulo II

Nombres y Atributos de Obatalá

Herramientas de Obatalá

Una sopera Blanca con su tapa (representa el santuario y por tanto nuestra vida)

Ocho pidras (okuta) blancas lisas (Donde se convoca al espíritu del orisha, en algunas casas santorales se utilizan sólo cuatro)

Dos huevos de Nácar (Representa el palacio de Olofin, el cual se cree está hecho de este material)

Una media luna de plata (En representación de Yambóo, Obatalá mujer)

Un sol de Plata (En representación de Olodumare en la tierra)

Una Culebra de plata (En representación de lo bueno y lo malo)

Un Pauyé de plata (representa una mano de dedos cerrados en forma de puño (Representa el poderío de este orisha en la tierra sobre los humanos, así como la firmeza con la que tiene que gobernarnos)

Un aro ó anillo de plata (Representa el planeta tierra bajo su dominio)

La campana o Agogó de Obatalá

Una piedra grande blanca en representación de Oke, santo que vive a su lado y habla a través de él.

Nombres de Obatalá

Obatalá habla en todos los Odu del caracol. Y aunque Obatalá es uno solo, adopta diversas formas y nombres en sus diferentes caminos o etapas.

Los dieciséis Obatalá más conocidos son los siguientes:

Ayagguna	Yelú	Osagriñan	Oloyu-Okuní
Ashó	Yembóo	Oba Moró	Oba Lufon
Yeku Yeku	Ogan	Elefuró	Ayalúa
Aguema	Orolú	Oshanlá	Oke ilú e Iroko

Algunos de estos Obatalá tienen características femeninas tales como: Elefuro, Aguema, Yembó, Iroko, Oshanlá y Yeku-Yeku.

Nombres de Seguidores de Òbàtála: *

Àlàbí – Nace con ropa blanca. Se deriva de *àlà* – ropa blanba; *bí* – nacer.

Arayèṣà *(arayesha)* – La familia está sana por la **Òṣà**. Se deriva de: **ara** – familia; **yè** – estar sano.

Bàbáfùnké – El padre en la blancura de la montaña. La palabra **funké** se deriva de **ẹfun** – blancura, cascarilla; **òkè** – montaña, montículo, colina.

Ọbafùnké – El rey de la blancura de la montaña. La palabra **funké** se deriva de **ẹfun** – blancura, cascarilla; **òkè** – montaña, montículo, colina.

Ọbãterò – La palabra se deriva de: **ọba** – rey, soberano; **àte** – canasta de mimbre para la adivinación y para la compra de productos; **rò** – relatar. O sea: *"el monarca que relata en la canasta".*

Òṣàbí – **Òbàtála** engendra. La palabra **bí** significa engendrar, procrear.

Òṣàbílówó – **Òbàtála** produce una persona adinerada. Se deriva de **Òṣà** *(Òbàtála)*; **bí** – producir; **lówó** – rico, adinerado.

Òṣàweye *(oshaweyé)* – **Òbàtála** te halaga y celebra. Se deriva de: **Òṣà** – nombre primogénito de **Òbàtála**; **wé** – halagar, acariciar, hermosura; **yé** – complacer, celebrar, aplaudir.

Tálàbí – La ropa blanqueada nace. Se deriva de: **tálà** – ropa blanqueada; **bí** – nacer. También significa: "bonito".

Nombres místicos de uno de los hijos de *Òbàtála* que *Òrúnmìlà* salvó de la muerte.

Atributos

Dueño de la plata y los metales blancos. Tiene una corona con dieciséis plumas de loro, aunque usualmente se emplean cuatro, lleva sol y luna, seis manillas, que también pueden ser 2,4,8 y 16, tiene maja, una mano de plata que empuña su cetro (pauyé). Dos huevos de marfil, 8 ó 16 babosas, manteca de cacao, cascarilla y algodón. Le pertenecen la pandereta.

Lleva bandera blanca, dueño de Iroko (la ceiba), su vellón es su algodón y su rama deberá estar en la estera para el kari ocha de su iyawó, tiene agogó de plata.

Usa bastón de mando, manilla, sol, maja, pauyé u opayé, cetro, iruke de color blanco.

Su collar es blanco y se insertarán las cuentas del color típico de acuerdo a cada camino como, por ejemplo, los collares de Ayáguna, que se le ponen cuentas rojas cada 24 blancas.

Se sincretiza con la Virgen de las Mercedes o San Manuel. Su traje es blanco. Dueña y señora de todas las cabezas y cuerpos. Viste toda de blanco. La cazuela donde se asienta es toda blanca con la torre de algodón bien alta. Se llama con campanillas de plata. Monta en todas las cabezas. Su capa es de algodón.

Son de ella: el nardo, la mejorana, el galán de noche, las rosas blancas y las azucenas.

Comidas: Cocos, palomas blancas, arroz, chiva blanca, gallinas blancas y miel de abeja.

Adimú: Arroz con leche.

Su collar: es blanco puro.

En prenda: Tiembla tierra.

Sus 32 caminos están hechos a semejanza de los ríos, 16 de ellos son de hombre y los restantes de mujer.

Obatalá fue el primero que habló y construyó al hombre; para que los caminos no estuvieran solos, ya que por ellos sólo transitaba el viento.

Obatalá, dios de la pureza y de la justicia, también representa la verdad, lo inmaculado, la paz, de ahí que muchas veces sea representado como una paloma blanca. Su primer camino, Oddúa, es el comienzo y el fín, la tierra y el cielo; dualidad representada objetivamente en una calabaza o güiro, picado en dos mitades. En la liturgia santera posee una significación especial, ya que es la cabeza.

El nacimiento, lo que está muy alto, muy puro, muy puro, muy limpio; por eso en todo rito de iniciación el Iyawó permanece un año vestido de blanco en señal de que acaba de nacer a una nueva vida (consagrado).

Obatalá gobierna los pensamientos y las ideas de tods las personas. Sabio extasiado precide el futuro en suave murmullo. Sus manos dan cariño a lo que tocan. Pero un día borracho y por descuido creó a los tullidos, a los albinos y a los ciegos, pués todo creador no siempre produce buenas obras.

De Obatalá se dice que tiene diversos caminos o avatares, de ellos relacionamos los más conocidos por el publo cubano. Una de las más importantes dentro del Panteón Yoruba es Obanlá u Ochanlá que se sincretiza con la Purísima.

También tiene una suma importancia Aremú. que se conoce como Nuestra Señora de las Mercedes. Otro Obatalá muy fuerte y guerrero es Ayagguna, que se catoliza con San Manuel y San José, y del cual se dice es el más fino malé de la tierra Arará, Obbalufon es un Obatalá muy viejo que se sincretiza con Jesús de Nazareno (lo que también pasa con Obbamoró). Hay un Obatalá muy importante llamada Yemmú, (se sincretiza como Santa Ana) que es la esposa de Igbaibó, que el padre de Shangó y Ogún.

Oddúa es un orisha que no se asienta y que no es de santeros (en otro se profundizara sobre esta importantisima deidad), sino de babalawos, porque es la representación del Osún de pie que entregan los babalawos y que está sincretizado como el Santícimo Sacramento del Altar, se dice que fue él primer rey del Oyo--Igba--Ibó, padre de Ogún y de Shangó, es un Obatalá viejo.

Es el pensamiento divino de la providencia. No se deja ver, y si alguien lo viera quedaría ciego; de este Obatalá y de Yemmú nacieron todos los Obatalases. Se presenta como el Ojo Divino de la Providencia.

Baba Fururu es el Obatalá que orienta e instruye a los niños y se cataliza como San Joaquín.

Tan viejo como Oddúa, Abbalufon u Obbamoro, que es mensajero de Olofin, usa bastón y siempre está temblando de frío.

Oshaggriñan. Este Obatalá cuando se incomoda bota el bastón y deja de temblar para empuñar el machete por lo que se vuelve fiero; está catolizado como el Cristo Crucificado, es muy humilde y paciente y hay que pedirle todo al revés.

Aguema es para algunos santos, hembra, y para otro macho. A este orisha le pertenece la ceiba y es dueño del camaleón. Se cataliza como Santa Lucía por el avatar de hembra, y como San José, por el varón, mensajero de Shangó (según Lydia Cabrera en su libro El monte).

Yekun---Yekun, este orisha vive en la oscuridad, no se puede mirar de frente porque ciega a quien lo haga. Se le pide, al igual que a Oshagriñan, todo al revés. No se fija en piedra porque es de caracol, no le gusta la bulla, come en la oscuridad animales oscuros (o sea prietos); se sincretiza con la santísima Trinidad o El Purísimo rostro. Es humilde y paciente como Oshagriñan.

La Obatalá llamada Eruaddye, es la hija única y mimada de Olofin y la esposa de otro Obatalá llamado Ayagguna, es una santa que no se inmuta ni se preocupa por nada ni tan siquiera se mueve. En uno de los avatares de ella se considera como una de las más fuertes Nana Burukú, de la que se conoce muy poco; cuentan algunos santeros que cuando se pone furiosa o se incomoda es capaz de todo, ya que una vez ella misma, incómoda, se cortó un pie con un hacha.

Esta diosa fuerte de carácter cuando se le da de comer se le hace en una cazuela de barro, y no se le matan los animales con cuchillos o arma de metal, sino con un cuchillo de cañabrava. Come palomas, chivas, pollos, guineos, patos y puercos.

Tabalí es la Obatalá sorda, a que se hace la que no oye, según algunos informantes, también de ella se conoce muy poco o casi nada. Ella se sincretiza con Santa Rita de Casia. Muchos de estos orishas se conocen con otro nombre que tienden a confundirse, dados los avatares o caminos por los cuales transitan, ya sea por congo, arará o lucumí. Esta orisha tiene preferencias por algunas niwas o yerbas tales como la guanábana, higuereta, hinojo, incienso, anamú, lirío, colina y algodón.

Cada Orisha tiene su baile, el de Obatalá es suave, muy lento, como sí el peso del mundo sobre sus hombros no la dejara mover su cuerpo lento y pesado. Tal parece que se fuera ahicando, como si la tierra le fuera extrayendo la energía de su cuerpo, en cada movimiento de ella o de él. En este baile no hay nada de lujuria ni de erotismo, ella representa lo puro. la paz del universo, toda vestida de blanco. Su baile es Lilé, lilé-suave. Este orisha también tiene sus días para que la atiendan, el jueves, y los 8, 16, 24. Al igual que a Ogún, a esta diosa se le canta y reza.

Obatalá Ayaguna

San Manuel. El Jesucristo de 33 años.
Su collar es blanco y rojo.

Come chivo blanco, gallo blanco manchado de colorado, palomas blancas. Es fiero y sanguinario cuando va a la guerra, destruye a sus enemigos y da como castigo enfermedades, guerra y tragedia, derrama bastante sangre y a su paso deja la destrucción y la muerte.

Este es uno de los 32 avatares que tiene Obatalá. En el camino de los 16 machos es guerrero, intrépido y combativo.

Se dice que Olofin lo mandó a poner paz en la tierra, pero al ver que no le hacía caso, comenzó a cortar cabezas y así siguió derramando sangre y continuó la vida de guerrero.

Dicen que como su padre trabajaba la tierra a menudo y para que no viera la sangre que había derramado limpiar en su pechera el sable embarrado de sangre y así ocultar su desobediencia. Su baile es símbolo de la guerra. Siempre baila con un sable en sus manos, cuando su danza comienza es un ritmo suave, pero a medida que va pasando el tiempo va increscendo, entonces sus movimientos son más rápidos y amenazadores, moviendo el sable en sus manos firmes y recias, como si fuera el paladín de todas las batallas que libra invisiblemente. Es guerrero y amigo de formar líos y enredos para derramar sangre y es entonces cuando se ve alegre y riéndose de su hazaña de destrucción; pone sus pies de guerrero vencedor sobre el cadáver de sus enemigos. Viste de blanco como todos los Obatalases, pero con una banda roja en la cintura. Siempre está haciendo gestos como si estuviera galopando en su caballo blanco de mucho brío. Este orisha se atiende los domingos y los días 1 de enero de cada año.

En el caso de este orisha constatamos como los Obatalases tiene la misma forma de castigo: la ceguera y la locura.

También tiene preferencia por los siguientes niwas (yerbas): El galán de día, bejuco de cruz, copa alba, escabiosa y otras. A veces una misma niwa pertenece a más de un orisha.

Canto a Oddua:

Ero ademú oduá, ero me aleyé,
Eco, acolona, acolona, madeo acolona,
Eco, acolona.
(Este Odúa es el sordo)
Los santeros y babalawos hablaban con él por medio de este rezo.

Trono y herramientas de Obatalá

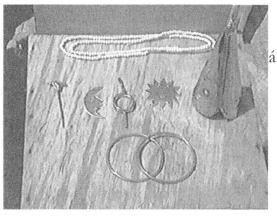

á

Virgen de las Mercedes

Segbo lisa.

Es el bogdun equivalente a Obatalá entre los arará la corte de los Obatalá recibe el nombre de Enusujue.

Segbo lisa vive en el espacio ocupando tanto el oriente como el occidente, es el dueño del mundo, tiene las mismas piezas que Obatalá, en su consagración hay que hacerle ceremonia en una cueva con dos akukó fun fun.

Rezo a Segbo liza:

Segbo liza wuizi layelupo lisa moyibafe awuo awuo sanihunon yoko alawe sheyu monsho monsho ohegue de eusho shokola seboliza.

Suyere:
Ewe sujue asomana asonawe
anacacaraja boyero mukuereri
midojun bobawe enyi bode najobo.

Oke.

Este orisha es el guardián de Obatalá es de la tierra de Ibadan allí se conoce con el nombre de Atajue Olomu Ore. Cuando la guerra con Ife se refugió en la montaña de Oshunyta e hizo ebo que orunmila le marcó al salirse Baba Eyiogbe: eyele meyi, oro merin (cuatro mangos), igba igüin, asho fun fun, pua pua, akueri, Aroldo (azul), owo la meyo, con las telas Oke se cubre así para vencer y salvarse de sus enemigos pues Oke es hijo de Eyiogbe y así fue reyna de Oshunta, las telas que Oke se cubre son blancas, a las 6:00 a.m. a las 12:00 a.m. azul, a las 6:00 p.m. amarillas esto se hace durante siete días.

Rezo de Oke.

Abana titimo mowuayu yiku kan como lomo osi ataye olomu ore abana titimo omgrogun aye un mai mai pitilla toke titilla toke.

A Oke de vez en cuando se buscan cuatro hijas de Obatalá para que le refresquen con omiero de ocho ewe de Obatalá esta ceremonia se hace cuando el sol esté fuerte, se le canta a Obatalá y se le va pidiendo, se le pone ishu y eko, Oke también se le da de comer ounko fun fun la persona entrará al cuarto cuatro días vestida de blanco y se rogará la cabeza con eku, eya, ori, ori, efún, obí. El chivo se abre y se le echa efun, ori, epo y oñi, se le pone a Oke abierto. Al otro día se pone al pie de una loma con algodón, al lado de una mata de Yagruma y se llama bien a Oke a cada una de las Iya losha se le dan $2.10 de derecho. En los primeros 16 días del año, se pone a Oke en el suelo tapado con una jícara y se le ponen siete huevos y se le saluda por la mañana con este rezo:

Oke mowuako oke mowuao aye ayare baba pitilla toke ayari baba iku otemy arun atery ofo otemi eyo atemi.ire airku ire owo ire omo ire ashegun ota alenoddio.

Cuando una persona es hija de Oke se le hace Obatalá que lleva dos ceremonias, después de buscar una ota blanco en el mar y saber que es Oke se va con él a la loma, se cogen dos huevos de gallina y se pintan los signos siguientes:

Si es iworo el que realiza la ceremonia solamente lleva un huevo con pintura, estos huevos se untan de ori, oñi después efún y se cubre con algodón, se tapa a Oke en una mano y el eñi adie en la otra, reza los meyis y rompe el huevo contra Oke dejándolo cubierto con algodón cuatro días delante de Obatalá se hace ebó con todo y se lleva a la loma para la ceremonia. Para ésta se lleva un tubo de bambú, una guinea blanca, dos gallos blancos, en la loma se preparan cuatro círculos de efun, uno de harina, uno de efun otro de harina, y otro de efún, en el centro se escribe Ogúnda Dio, encima se pone Oke y entonces se le mira con un tubo de bambú.

Cuando se vea que en la abertura del tubo se merca el sol sobre Oke, se le da la guinea blanca de la cabeza del hijo de Oke a la piedra, los akukó fun fun van cargados y se entierran en la loma. Él okan de la etu se pone a secar, se hace iyé y se pone en el ashe que va al leri del hijo de Oke el día del asentamiento, la leri de etu se viste de cuentas y vive con Oke.

Inshe de Ozain ire de Obatala.

Leri de gunugun(tiñosa), el cuero se hace polvo, polvo de igüin, polvo de gungun, leri de eya, polvo de tarro de bufy, cascarrón de gallina sacada, ewe oriye kotoriye.

Se desbaratan con ota que lleva la pieza dentro, leri de eyo, todo se desbarata a leri de akuaro, 1 leri de camaleón, 3 ikordie, 16 atares, eku, eya, awado, ori, efun, eko, cuero de tigre, leri de lechuza y uñas, se lava con un collar de Obatalá que va dentro, debe llevar raíz de Ceiba, hueso de inle yewa, tierra de ese lugar, de un palo distinto a la Ceiba, se le da de comer gallo.

Ondo.

Es hembra señorita, vive en los lugares rocosos a la orilla del mar en su secreto, se le pone cuatro pedazos de arrecifre y un agboran que se hace con raíz de Ceiba y se carga con leri de Eegun omo u obini, leri de etu, eyele, ayo, ajeme, ewe tele, koide meta, eya oro, igbin, atgbin de ekun, añari, odo, añari ekun, eru, obí kola, aira, obí motiwao y osun.

Baba Moro Elefa.

Esta Obatalá siempre anda con Oshún y tiene un akukó en la leri, a su secreto se le pone un edan dentro de una manilla de marfil y un akufa de plata, su collar de nácar.

Obatalá Ayalúa.

Este se conoce en la tierra de ife con el nombre de lajua, es el ángel exterminador, lo opuesto de su hermano pues cuando su hermano (ayalá fabrica las cabezas y las pone o le da vida), él trae la muerte. A éste no se le canta nada más que cuando se le da de comer, vive en una tinaja blanca y verde, se le pone una cimitarra, una corona de laureles, una cadena de plata, de cobre la tinaja con una jícara que va pintada de verde por fuera y por dentro con los siete colores de arco iris.

Este Obatalá se viste mucho de verde, acompaña mucho a odduduwa. Se le pone fuera una pesa y un bastón de madera de ácana que se le echa iyefa de orunmila y eyebale de las eyele y va forrado de cuentas blancas y en la parte interior de cuentas de orunmila y blancas. En la tierra arará se le conoce con el nombre de hojueleso que es la

34

madre de Shangó y vive en el centro del mar y allí fue donde nació Shangó por un relámpago.

Este Obatalá se confecciona a base de odu-ara de distintos colores y mucho ori. Come akukó fun fun de noche.

Juramento del hijo de Ayalúa.

Este orisha como sabemos es hijo de la familia de Obatalá, compañero de odduwa, es muy adorado en la tierra Ewado, en cuba es muy conocido, matanzas especialmente la rama de Ferminita Gómez, que actualmente son los que conocen su secreto.

Cuando a una persona en su itan le sale de padre Obatalá Ayalúa aparte del bastoncillo pequeño hay que prepararle un bastón de 36 pulgadas de largo que es el juramento, esto se hace de la madera de una mata llamada Zapote y se le carga con lo siguiente:

Leri de Eegun mokekere, de ayá, de eyele, de aguema, de eya, raíz de aragba, akori, atori y ikoko, eru, obí, kola, osun, obí motiwao, aira, yefa de orunmila, efun, ori, después se forra de raso blanco y un collar de 16 cuentas blancas y 4 verdes, su longitud de orunmila. La consagración y juramento se realiza a las 12 de la noche y consiste en un ota fun fun, una mano de caracoles, un inkin, el bastón se lava con 16 ewe de ifa y de Obatalá, esto se pone después en una jícara pintada de verde por dentro y blanca por fuera. Entonces el padrino Babalawo escribe en el tablero Baba Eyiogbe y lo parte al medio en la derecha se ponen los siguientes signos:Oshe Tura, Ogúnda Bípode, Ofun Sa y Otura Niko, el signo del padrino, el suyo, el de la oyurbona y el odu del día y cierra el odu del que lo recibe si es Awo, y Otura She si es iworo.

Se pone la jícara sobre el tablero y se reza todos los odu escritos en él, después se le hace rezo de la consagración que es el siguiente:

Bogbo olordumare mokueo olordumare okuni morimaya ayebo obugaga arelaye ori maya ayibbo okeke jekua okeke ayalua kolo kolo lamishe orunla lawao omo tita lamishe ashe bawua ashe orunla guagua ayalua omorisha tita lamishe.

Entonces finalizando esto se lleva la jícara para un rincón, donde se marca Otura Niko, allí se arrodilla al hijo de Ayalúa, se le pinta una cruz de osun en la frente del hijo y se le da de comer a Ayalúa dejándole caer la eyebale de la frente del hijo a los secretos con akukó la eyele fun fun con el siguiente suyere:

Oraye oraye omo de omuko oye osi baba ojuale omo mio. (secreto que sólo se canta de noche cuando come Ayalúa).

Orisha Adema.

Este es de la familia de Obatalá se consagra a través de éste, pero en el piso se pone el osun de orisha Adema, siete días antes del santo, se le ruega la cabeza con adie fun fun, esto se hace parado en el centro del cuarto donde se va hacer el santo, esta adie tiene que llevarla el interesado al río, este santo la víspera cuando el Iyawó viene del río, se le hace una ceremonia con tres etu, se va al pie de una mata de Peregún, ahí se le hace paraldo con dos Etu, una se echa a volar y la otra se mata en el paraldo, entonces con una

36

cadena que lleva enredada al cuello y que le llega hasta los pies, y la otra etu colgada de la cintura va para la casa, cuando llega a la casa con esa etu se le da de comer a Babawa.

El día del santo se le afeita la leri, se le pinta a Obatalá en la leri, se procede en la forma corriente del santo, el Iyawó va parado sobre la estera con una cadena que va desde el cuello hasta los pies, los años son los de Obatalá, en el piso lleva el osun de ibogdun de orisha, además, después que se le ha hecho mokue osha se envuelve en una estera cargado por los hijos de Ogún y se baila por el cuarto con el suyere siguiente:

Iyawó Iyawó Ademany onbino ona
Oimayé ikú suanle, ikú suanle

Entonces se le quita la cadena y a ésta se le da una eyele, esta cadena vive sobre este orisha, los secretos de este santo son: 4 ota fun fun, un akufa, una awana y dos manillas de plata su collar es de 16 cuentas de Obatalá y una cuenta verde, 16 de agua hasta llegar a 16 tramos de cada clase.
Este santo come chivo, guinea y paloma junto con Obatalá, su caracol se tira al piso para sacar la letra y después se continúan las preguntas y respuestas por el caracol de Obatalá.

Agema.

Este Obatalá es de Inle Yobu de la ciudad de Oderemo y entre sus secretos hay un camaleón con una alfanje en la mano y se llama Tanyi.

Este Obatalá vive en lo alto de la Ceiba, lleva un bastón, dos mañingas, una espada, un narigón y dos manos de caracoles, come a las 12 del día, cuando se va a bajar se hace una cruz de efun donde se va a poner, viste de verde, se dice que vive recostado a las paredes, en el río se le ponen 7 adimú en 7 jícaras. Éste se adorna con 7 platos, 7 sombreros, y 7 muñecos, los arará lo llaman Alejello Bajedo. A esto lo acompaña un gran espíritu Lumeje que come etu fun fun, en un plato que se le pone al lado de Obatalá, acompaña a Oduduwa como un perro a su amo, con la misión de protegerlo. Su piel brillante le sirve de espejo a Oduduwa para mirar la maldad de sus enemigos.

Este Obatalá son dos: Alaguema y Adema, se le ponen a ambos siete flechas dentro, son mensajeros de Olofin, son delicados y lo sintetizan con Santa Filomena. Marca a sus hijos con defectos o marcas en las manos.

Lleva una cadena de plata con nueve palomas tiene un agboran con cuerpo de hombre y leri de aguema, lleva un gorro de plata con 16 tramos de cadena. Su Ozain lleva piel de tigre y de león, leri de aguema, obí, ero, kola, osun, inle o ile yansa, raíz de Ceiba, álamo, algodón de los santos oleo, tarro de venado, leri de carpintero, este ozain se monta en la leri cuando se siente enfermo o se monta para bailar, este gorro se consagra con Aguema, dándole cuatro eyele fun fun, Tanyi Tanyi, es de plata y en él radica la fuerza de Aguema como orisha en la tierra.

Osun de Aguema.

Esta pieza es de plata y simboliza la fuerza de este santo en la tierra, él mismo se remata con un camaleón, y su carga lleva: raíz de Ceiba moruro, un camaleón, etu, eya, awado, iwere yeye, atare, siete ota de la loma, obí, ero, kola, osun, obí motiwao. Come eyele con Aguema y con Oduduwa, su medida ha de ser entre en talón y la rodilla del hijo de Aguema.

Agboran de Aguema.

Se hace de Ceiba de 32 pulgadas con cabezas de camaleón barrenada y cargada con Aguema, tierra iwi, aragba y sale de aragba tierra de cuatro caminos, leri de Eegun mokekere y de Eegun de fure de Obatalá, comejen de una Ceiba, bogbo iki bogbo itere atitan de sepultura, colmillo de ayá, leri de aja, acoide, inso de bogbo omo de inde de eure de mono, omu de eje, eru, obí, kola, osun, obí motiwao, aira, eku, eya, awado e igbin.
Lleva colgada al cuello una cadena que le llega a los pies y antes de cargarla se le da de comer con Obatalá lavándose primero con ewefa ewe misi y alacrancillo.

Vive detrás de la puerta con Obatalá, come con él y Elegba y se le pone (9 obí alrededor), se le da un osadie a cada obí y come él y se canta:

Obi layeo aguema layeo.

Su llamada es la siguiente:

Olofin baba mi baba aye Obatala Aguema.
Olofin baba mi baba aye Obatala Aguema.
Kaure ni omo laye.

Obatalá Oloyu Okuni.

Este es de Ibadan, es el dueño de los ojos del hombre de la tierra arará, se llama Neutodasu, va cargado con su Ozain y una flecha afuera, lleva cuatro ikordie en forma de corona y un akofa grande.

Obatalá Osha Orulú.

Es rey de los Ewado en arará, recibe el nombre de Agasako, su sopera va cruzada con una cadena de plata por fuera de la que cuelgan tres akofa de plata.

Obatalá Okeylú.

Es el rey de Akití y Abeokuta en arará se llama Akualisa su Ozain va en una casita de miniatura que vive en Obatalá, se le pone llave al bastón, una cimitarra, un machete y fuera de osun de gallo pequeño, este Obatalá vive en alto y se le llama también Atawe Oré.

Obatalá Ayelú.

También se conoce con el nombre de Jalú en la ciudad de Abaidan y en arará se le conoce como Akyfun, su Ozain va en un muñeco y lleva marfil, nácar, coral y un triángulo de plata, es muy extraño y calmado, se le encienden ocho velas.

Obatalá a la Alabalashe.

Este es el oráculo de Obatalá y se dice que es pasado, presente y futuro en arará se llama Amukate, lleva dieciséis peloticas de marfil, una flecha de palma, diez okuele de mango, cuatro kola, cuatro ero.

Lleva también cascarilla de obí para preguntarle come más de ocho eyele, pues acostumbra a revelarle mucho las cosas a sus hijos en sueños, son grandes caracoles, nace en Ogbe Tua.

Obatala Anasuaré.

Es muy sufrido, compañero de Oba moró, su collar es blanco según la leyenda sincretizado en cristo, el que echó a los moradores del templo de la tierra de los arará, allí se conoce con el nombre de Anuajeno. Su Ozain tiene figura de viejo, lleva dos machetes, un santísimo, dos escaleras, una flecha, dos lanzas, dos látigos, una coraza, un litro, un paoyé con su crucifijo, sus hijos sufren, no deben botar a nadie de la casa, ni levantarse la mano aunque este Obatalá es soberbio.

Baba Ayaguna.

Es hijo de Oshagriñan, es rey de ketú, es guerrero y joven, en arará se llama Afajun lleva una flecha, una lanza, un arco, una espalda, un machete, un bastón, un divino rostro, un caballo, es zurdo, ha de usarse su mano para ponerle sus cosas, lleva un collar con siete cáscaras de coco, un güiro con mucho epo, pués come epo, además de ori, una espada, anguila y lechuza, su Ozain está en un caballo con una manta roja.

Además de la carga fundamental lleva insu de eshin, eru, obí, kola, osun, aira, obí motiwao, leche de coco y un casco de caballo, lleva una bandera roja y blanca, además una muñeca que representa su señora, ganada en el concurso de las diez, una cabeza, un bastoncillo de ébano forrado en cuentas de Obatalá y rematado con cráneo de eyele y con el cual señala las virtudes.

Es pendenciero, borracho, chismoso, revolucionario, cuando es directo se le pone una bala adentro, dos canillas de gallo que comió entizada con olonu de plata, un chivo, una cartuchera, un porrón de agua, lleva fuera una canilla de chiva (la izquierda), un alfanje, una flecha con su arco y un dilogun en el medio, se le llama aruwo, lleva un muñeco con una cimitarra en la mano y una escopeta en la otra, simboliza la guerra.

Baba Oshagriñan.

Es hija de Oduduwa y rey de Ogbomoshe y Egigbo, su sopera se divide en tres partes una para la ota, una para el dilogún y una para las herramientas. Los arará le llaman Makanú lleva tres flechas con un flechero forrado con cuentas de Obatalá, lleva tres ikoide dentro y ocho fuera, un bastón forrado de cuentas, un machete, una espada, un santísimo, una manilla torcida, un elorchoro a caballo con la pata levantada, un colmillo de jabalí y de león, una bola de billar en marfil, nácar y caracoles.

Su mujer es Oshanlá, su odu es Oragun es el que trajo el orden al mundo, para eso empleó a su hijo Ojiniyan, lleva otro juego de herramientas de estaño en el medio de las tres divisiones de su sopera y una bola de cristal de adivinar, vive sobre un tablero de Ifa consagrado con una mano de Ifa, encima de su sopera se pone un puñal con el mango cargado con el Ozain de Obatalá, el caballo lleva las patas cargadas y el agboran la leri, con leri a la

42

coco eyebale de eyele. Este agboran después de cargado se le ruega con leri con etu fun fun dsepués la cabeza del hijo de Oshagriñan, a este muñeco cuando lo pide se le pone un flechero forrado con cuentas, con dieciséis flechas y un akoide en cada uno se le pone dos muñequitos de plata manilla de marfíl, dieciséis reales, dieciséis igbin opolopo ori y efun, cuatro pedacitos de marmol, una pelota de vaca, dos ojos de cristal, un güiro adornado de caracoles con agua de pozo, un mortero, pués él pila el ñame.

Él trabaja con los fundidores de plomo, fabrica la lanza, fue quien quitó al buitre y la tiñosa las plumas de la canbeza, es guerrero y vive al pie de los árboles, su mata preferida es la hiedra(egbisike), es el padre de orunmila de Shangó, Ayaguna y Cabashe, su Ozain ire se lleva en un güirito forrado de cuentas, viste de rojo y blanco, su collar leva 9 nácar y un coral, lleva un inshe Ozain que vive dentro de él o al lado y éste se prepara con leri de camaleón, tres akoide, un pedazo de algodón, lagrima de muerto, pedacito de la piel de tigre, raíz de ceiba, dieciséis atare, eku, eya, awado, ori, efun, epo, ileke keke de Obatalá, cuando éste es de cabecera lleva una corona metálica blanca rematada por una mano, con un rollo de haley y se adorna con dieciséis piezas repartida en cuatro arcos de la corona, además dieciséis piezas, un sol, una luna, lanza, abanico, hacha, una cara, pluma, machete, estrella, santísimo, camaleón, majá, espejo, sicla, muñeco y un caballo.

Baba Oba Moró.

Este Obatalá es muy viejo y sufrido, lo llaman Abipa es el rey de Ibao en arará lo llaman Jue Ate su collar es blanco, lleva marfil, corales y glorias, entre los atributos lleva dos machetes, un santísimo, dos escaleras, una flecha, dos lanzas, dos disciplinas, una corona, un kapakuyo de crucifijo. Lleva afuera una tinajita, una piedra de imán con una moñinga y otra mano de caracoles, también lleva un osun pequeñito de gallo, las herramientas llevan dos palomas, un caliz colgado de la corona de espinas y esto se coloca sobre una de las otas, tiene además cinco mensajeros que son Alapini(albinos), Achipa(leprosos), Sami(pregnates), Lagunas(enanos), Shiniku (lisiados), se le pone a Obamoro, dos muñequitos de losas, una orqueta de metal, un bastón, sus hijos no se ruegan la cabeza con frutas de agua sino secas.

La cara de Ozain va dentro de una cruz de cedro, jocuma, ésta se coloca sobre una caliz o copón sagrado donde se ponen los huesos humanos, este copón es de una planta, metales con efún, eru, obí, kola, osun, aira, obí motiwao. A éstos se le da tres eyele blancas, una etu y se le pone dieciséis itana, cuando el iworo cumpla un año, se le consagra la corona de espinas, no antes, esta se lava en una jícara con Yewá, eru, obí, cola, airá, obí motiwao, en una cueva llevando a Oba Moró, dos gallos blancos, dos eyele fun fun, allí se marca el Odu que sacó el Iyawó, se pone a Oba Moró se arrodilla a la persona y entonces se le da dos akukó a la corona y a Oba Moró, después se le da dos eyele a la corona desde la leri del iyawo, con el ilekan con ashe de la jícara en leri y el akokan de los akuko, se le monta un inshe de Ozain forrado con el cuero de la chiva de la consagración de Obatalá y se le dá forma de corazón, se forra con cuentas de Obatalá.

Baba Obalufon.

Este orisha se conoce con el nombre de Aluaye Moore aunque el originario de Ifon llegó a hacerse grande en

Oshogbo, a este rey hay que pedírselo todo al revés, se le pone una corona de dieciséis ikoide, un muñeco de plata con dos cabezas(una normal y otra en el lugar de sus partes, se le pone una piedra que brille(cuarzo), se le pone un barco, entre los arará se le conoce con el nombre de Tokuma, este Obatalá fue el que inventó los tejidos y la costura con agujas, se le ponen dos agujas de plata, inventó la carpintería, y se la enseñó a Oshagriñan. Es el hijo predilecto de Oduduwa y el que en el mundo de Ifa tiene un hermano llamado Oloyan Gromuro.

Este fue el que le dió uno de los secretos de cargar los tarros de Shangó, nació obea lefun el día primero de septiembre. El Ozain de éste se carga con una cabeza que debe ser de bronce y es la imágen de este orisha en Ife.

Este Obatalá es de tierra Ifon, entre los arará se conoce como Foduya, fue el que inventó y dió a los hombres a la potestad de hablar o sea el ashe, lleva entre los numerosos atributos que se ponen a su ade una lengua de plata, una campana o agogo de los tradicionales de Obatalá, pero tiene un mango con hojas de sable, en su forma lleva un bastón con curvas en el mango, además se le ponen ocho apanyé de palomas, una kola, una cruz de plata, además de esto se le pone dentro un corazón de madera ireke que se carga con lo siguiente:obí, ero, kola, obí motiewao, leri de eyele marfil, se le pone además una corona de metal y una cruz de ébano. A este Obatalá se le consagran las abejas, su adimú preferido son los panales, se le ponen espígas de millo. Vive separado del canastillero por unas cortinas, este Obatalá se hizo orisha a los 84 años.

Obatalá Ogan.

Este Oatalá en la ciudad de Odereme en la tierra arará recibe el nombre de Tonuno, es el guardián de Obatalá, cuida su espalda y vive cerca de su sopera, se lava con cocos verdes, su collar es blanco con dieciséis corojos o dieciséis semillas de mamoncillo chinos, pero sus verdaderas semillas son llamadas iwin vegetal, lleva una sola piedra de pico y tres piezas que son: Una coraza, un akefa y un tintí que describimos en el diagrama, cuando se lleva su cazuela se tapa con un asho fun fun, come gallo blanco, cu comida se lleva al techo, come ñame desbaratado, obí y eke picadito, rositas de maíz(huevos 8,16,24..) con orí, efun y envueltos en orí.

Obatalá Orishanlá.

Obatalá femenino originario de Ifam es una Obatalá muy tranquila, se dice que tiene las manos largas para retirar a sus hijos de las trampas, se sienta en una silla que se carga, su Ozain en la tierra arará se conoce como Orisasa, al igual que todos los Obatalás femeninos, sus piedras van a parte, ahora dentro de la sopera donde se le pone el caracol, se pone éste sobre su ayé, que es un círculo de plomo, lleva además dos moñingas, narigón, una cimitarra, dieciséis babosas, fue a llevar un cuerno de sordo y un centro de metal blanco de figura caractrística, su collar lleva hueso de marfil.

Obatalá Yemú.

Este es femenino, originario de Ibatan, esclavizó a la muerte y le quitó su guadaña la cual es una herramienta que se le pone dentro, habla muy bajito es comerciante, come conejo, nació en Otura Sa, se le ponen muchos pañuelos y mucho efún, además dentro se le pone un tubito de plata, siete atare que usará el hijo en caso de guerra, va igual que todos los demás Obatalá femenino. Se le ponen dentro doeciséis iguin, dos moñingas, dos manos de caracoles, dos eyele de plata, un narigón, su Ozain va en un muñeco de madera de iroko en forma de carabela pero con cuatro ojos y una guadaña en la mano,se llama Leshé y también Iladekué. Por fuera lleva una escalera de plata de dieciséis pasos que lleva cocida dos manos de caracoles.

Obatalá Okeilú.

Este Obatalá se llama Atawé Olorú Oré, es rey de Akití y Okatá, en la tierra arará se le llama Okualisa, su ozain va en una casita en miniatura que vive dentro de Obatalá, se le pone llave, un bastón, una cimitarra, un machete y fuera un Ozain de gallo pequeño, este Obatalá vive bien alto.

Obatalá Yelú

Este Obatalá se le conoce con el nombre de Lagelú en la ciudad de Ibadan, en la tierra arará se le conoce con el nombre de Akwado, se le pone otro juego de herramientas de fundamentos de plata, una akofa, un bastón que se forra con cuentas de Obatalá y se le echa iyefa de orunmila, una bola de billar, dos muñecos, cuatro caracoles, cuatro plumas de loro, osun Obatalá guerrero con bandas rojas en la cintura igual que su padre Oshagriñan y su hermano Ayaguna.

Este Obatalá lleva dentro un muñeco de cedro que no tiene leri y le falta un pie, éste va cargado con okan de

47

okuni, okan de ewe de Obatalá, obí, ero, kola, osun, obí motiwao, este Obatalá lleva además, un inshe de Ozain en un capullo de algodón que se carga de seso vegetal, flor de sauce surrón, igbin, oti, un crucifijo, caracol, nácar, ero, obí, kola, osun éste se forra de cuero de chiva de Obatalá y se forra con cuentas de Obatalá se le ponen pañuelos de caracoles.

Obatalá Olufon.

Este Obatalá en la tierra de Ifon es nada más y nada menos que el eterno y constante orador de Olofin, en la tierra arará recibe el nombre de Oliseto, se pone otro juego completo de herramientas en plomo, dieciséis babosas y akofa su Ozain va en un tamborcito de plata forrado de caracoles.

Se le hace una corona de cuentas blancas y dieciséis akoidie su sopera se pone sobre una esterilla dentro del canastillero, es un hombre viejo y apacible donde está este Obatalá, no puede haber oscuridad siempre hay que tener una luz encendida, y sus hijos no pueden dormir encueros.

Obatalá Aguiniyan.

Este Obatalá es poco conocido, fue el que por encargo de su padre Oshagriñan terminó el asentamiento del mundo, en la tierra arará se le conoce como Awemayú, se le da como complemento de su padre, vive en un güirito pintado de blanco, lleva una sola ota y se le pone un gallo de plomo, una cadena de plata, donde se le engancha una mano de caracol, con estos atributos terminó el asentamiento del mundo, se forra el güirito con algodón, este Obatalá no se deja ver la cara y come gallo.

Obatalá Eluaye.

Este Obatalá es femenino, es la hija mimada de Olofín, siempre vive sentada en una silla y su Ozain va cargado en una silla, en la tierra arará recibe el nombre de Agumé, tiene el mismo ritual de los Obatalá hembra, con sus piedras lleva dos manos de caracol, el ella, dos narigones, dos moñingas, dos manillas torcidas, una manilla de marfil, un are con cuatro estrellas de plata, lleva dieciséis leri de eyele forradas de cuentas blancas y un caracol en cada ojo, van rellenas con iyefa de orunmila, ashe, obí, ero, kola, osun, lleva un pedazo de gungun de leri egun obini, que vá forrado de tela blanca y caracol, todo dentro de la sopera.

Obatalá Obalabi.

Este Obatalá es originaria de Oyo lleva un cuerno de marfil, dos manos de caracoles, una moñinga, un narigón, un triángulo de plata con su toletico para llamarlo, un tamborcito de caracoles forrado, donde vá su Ozain, un paraguas forrado con cuentas blancas, cuatro manillas de plata, dos muñequitos con sus piedras, lleva el mismo ritual que los demás femeninos, en arará se llama kuesine.

Obatalá Yeku Yeku.

Es femenino en arará se llama Lumeyó, es muy vieja se acompaña con odun, usa corona con dieciséis plumas de loro, se le pone todo igual que el ifuro, el aye, el dilogún, solo que lleva dos narigones de plata, dos mañingas, el

49

Ozain va en una cajita de plata o de cedro, no le puede dar el sol, ni el aire, vive envuelto en algodón lleva dieciséis ota separadas de la sopera que se juntan a la sopera cuando va a comer, luego se separa nuevamente, come okuke fun fun pero siempre baja Oke a comer con ella y come agbo cuando se le da, se le pasea primero a su alrededor y se le canta.

Obatalá Ariba Iyá Yeru Yeru Ife.

Esto se hace dando palmadas mientras se pasea el agbo y a la octava vuelta se tumba y se le da, murio encadenado y hay que sacarle un aye, sacando todas las ota menos una, este aye con 101 caracoles, lleva cadena, una silla, una flecha, las otras ota se prepararán para Oshanla, de esta forma la persona tendrá salud, desenvolvimiento y podrá hacer Ifa, de otra forma su madrina lo ata al santo o va preso.

Obatalá Elefuro.

Recibe el nombre de Imole es reina de Ife, se le llama la reina del aceite, se separan las piedras que van fuera de la sopera en una taza bola, dentro de la sopera se pone algodón y encima de este círculo de plomo con el aye.

Las herramientas, una mano de caracoles, un narigón de vaca, dos moñingas, un peine de plata, un sable, un akofa, fuera llenva un muñeco donde se carga Ozain y un bastón de tres curvas, se le pone cestos de hielo con agujas, un hueso, vive dentro de cortinas y se encienden con aceites sus adimu, se le ponen en una canastica que siempre tendrá, come ocho palomas y se le canta de lejos, lleva un güirito con omo titun, leri de egun, obini, leri eyele y de euré de Obatalá, dieciséis ewe de Obatalá del lavatorio, dieciséis iwin, eku, eya, awado, ori, efun, etu, ilekun, obí, eru, kola, osun, aira y obí motiwao, esto simbolíza a Ojwi Yomi que es una centinela vírgen de dieciséis años que siempre vive, vigilándole el sueño a Elefuro, en la tierra arará se llama Oñoro.

Obatalá Oshanla.

Este es femenino de la tierra de Owu delante de él mismo, no se altera la voz, es muy vieja y encorbada, su cuarto se pinta de blanco y se le riega perfume, en la tierra arará recibe el nombre de Lisa al igual que todas las hembras, se le quitan las ota y en la sopera se le pone un caracol aye, sobre el aye, se le pone una muñequita, un bastón, dos manillas, una moñinga, dieciséis babosas, una cadena de plata, dos esposas de metal que se ponen para que no acaben con la casa, su Ozain va en un bastoncito y dentro también se adiciona ocho ikines, ocho chapitas de plata, fuera lleva una muñequita de biskui, se le pone a ésta un rosario blanco.

Obatalá Orisha Yeye.

Es el primero de los Obatalá femeninos es de tierra Iyayé, es el dueño de los títulos de Obatalá, es el que orígina el sacar los ota de los Obatalá hembras y poner el caracol cobo dentro, lleva corona de dieciséis dilogunes, se le pone arco y flecha, también recibe el nombre de Edundale.

Es dueña de los monos, es de familia de Oduduna, habla en Odi ka y Otura meyi, anda mucho con Oyá y lleva dento una manilla de cobre, cráneo de egun mokekere, forrado de caracoles, su Ozain va dentro de su ataúd y

51

se le adiciona un omo titun, es igual a las demás Obatalás, se ponen sus piezas fuera de la sopera junto con las piezas secretas y dilogún, vive sobre una atena y en la tierra arará se conoce como Gaga.

Obatalá Obon.

Es el Obatalá que se encarga del alma de los hijos de Obatalá, cuando fallece su hermano de Ogan no lleva ota, solo un cofrecito minúsculo de metal en el que se guarda un escarabajo dorado. Se creé por la leyenda que ésto es un secreto de Obatalá que vino de Egipto en la antiguedad dentro de este escarabajo, se carga el Ozain y una mano de caracoles bien pequeños, este cofrecito vive junto con Obatalá de cabecera que lo recibe cuando salga el signo Ofun en el itan de la persona y se retira al morir su dueño, si el Obatalá se quedara se pone este cofrecito dentro de la sopera. En la tierra arará recibe el nombre de Agasawe.

Obatalá Obanla.

Este Obatalá es hembra, los arará le llaman Seyitenu, se le dice la luz que aparece, es la Iyanla de Ife, este lleva corona, un bastón de plata con tres coronas de mayor a menor rematadas por una paloma lleva un sol de dieciséis rayos, se le pone dentro una piedra preciosa, lleva un osun que tiene cuatro columnas y lo rematan dos palomas superpuestas, éste se carga con ashe del santo además leri de eyele y dieciséis iwereyeye, éste lleva agboran con una luna en la mano, con un sayón azul y blanco nácar, este agboran se carga con obí, ero, kola, osun aira, obí motiwao, leri de gungun,leri de eje, raíz de ceiba, tierra de cementerio, se lava y se pone a comer eya tuto y etu fun fun con

Obatalá y Osun, es el espíritu que acompaña a Obatalá se llama así, si la persona tiene Oduduwa come con él.

Obatalá Aikalambo.

Este Obatalá nace en Ofun Sa es rey de Ika de la ciudad de Ibadan se dice que es borracho, en arará recibe el nombre de Ajamuto, nunca debe faltarle el sara ekó, su Ozain va montado en tres monos de cedro que ván sujetos a una tabla, se le pone dentro de un akofa, un machete, una cimitarra fuera se le pone un barrilito de madera con oti, y una botella donde vaya mezclado toda clase de bebidas, además una jícara de plata, vive en una tinaja que se forra con muchos caracoles y dentro de ella lleva su secreto que es gungun leri egun gungun de edun (mono).

Obatalá Airanike.

Este Obatalá es de tierra Oyo acompaña mucho a Osha Lufen es un Obatalá guerrero, lleva dentro otro juego de herramientas de fundamento de cedro, su Ozain va montado en un caballo, lleva dentro de la sopera gungun leri de eshin fuera lleva un bastón y una cadena de plata, además una cimitarra de 14 pulgadas que no se recuesta a la sopera.
Se dice que este Obatalá anda mucho con Oshumafe y Kinkologbe que son respectivamente la divinidad y el arcoiris y en la tierra arará recibe el nombre de Ajosupato.

Obatalá Oyu Alueko.

Es del Odu Osa Iroso, es adivino, es el santo que decea que ningún santo tuviera hijos en la tierra, aparte de los atributos propios de los Obatalás, se le agregan tres manillas, un machete, un alfange, una flecha, dos caracoles grandes dentro de él, uno de ellos vá cargado con leri de eyele, leri de egun aguema, ewe de Obatalá seco, tres atare eya oro, eku, cuentas de shangó, Orunmila y Obatalá ashe, ero, obí, kola, osun, aira, obí motiwao.

Obatala orisha iwuin.

Es de tierra owo, es protector de la puerta del palacio de obbatalá, es alfarero, nace en oyekun meyi, lleva dieciséis babosas en arará se llaman Jujewe, se le pone cimitarra lanza y akofa su Ozain va montado en un muñeco de madera, montándole sobre un caballo armado de una lanza y rodeado de un leopardo una ayakua, un eya, oro, y un majá estos ingredientes no le pueden faltar al Ozain.

Obatalá Oyedade.

Es cazador rey de ikiti siempre anda con Ode, se le pone dentro tres akofa de plata, un tarro de venado de marfil, leri de egun que va forrado de caracol, el Ozain va montado en figura de mujer que se hace de madera de Majagua, recibe el nombre de Songokumbi, en la tierra arará se llama Bajeb.

Obatalá Ekundire.

Es de tierra Iyesa, siempre anda con Oddua en la tierra arará se le nombra Kinisu, lleva marfil, pauye, cuatro serpientes, su Ozain va montado en cabeza de tigre de bronce y un omo titun que va forrado con asho fun fun e ileke de Obatalá.

Obatalá Orisha Obala.

Es joven, vive en el patio junto a una mata de peregún dentro de una casita, vive en una tinaja forrada de caracoles, se le pone dieciséis babosas, una cimitarra, una akofá, su Ozain va monado en una babosa de madera

Obatalá Bibiniké

Monta un caballo en un ciclope descomunal, es un hombre de talla enorme y un solo ojo en la frente, se le pone espada, lanza, dos majaes de plata, su escudo es el carapacho de ayapa su Ozain va forrado en la piel.

Obatalá Oshere Ibe.

Siempre anda con shangó, su Ozain se carga en una figura compuesta de dos muñecos de cedro, unidos por la espalda, uno macho y uno hembra, además se le pone una cimitarra, y un hacha doble de plata, afuera se adorna con muchos caracoles y plumas de loro, en la tierra arará se le conoce con el nombre de Amasobi.

Obatalá Ekanike.

Es el rey de la tierra de los Igbos en la tierra arará se llama Anado, su Ozain se monta en un caballito blanco a éste se le pone una espada, una trompeta, una escopetica, un hacha cretence, este Obatalá cuando se quiere que venga a la cabeza de su hijo se le hacen disparos de fulminantes, viste de rojo y blanco, siempre acompaña a Shangó y Ayaguna fuera de la sopera se le pone un cuerno con pólvora.

Obatalá Adegu.

Es el rey de la tierra de los Efushe, en arará se llama Ayaya, su Ozain es un muñeco de plomo con espuela en los pies, va dentro de la sopera, lleva una cimitarra, una akofa, una lanza, come chivo blanco, tres güineas, es albino come de noche y no come gallinas.

Obatalá Fururu.

Es de la tierra Batiba, es el consejero de los jovenes, su Ozain va en una caña de plata, se le pone marfil, una cruz, un caballo, una pluma, un libro y se adorna con hojas de palma por fuera, en arará se llama Agotigaga.

Obatalá Abani.

En arará se llama Mawetone, es el padre de Ogan, maestro del pueblo Ibeyu, cuando quedó ciego sacrificaron a Olokun por los awos y su cabeza sembrada a la orilla del mar dió una mata de coco verde y desde entonces produce agua, vive con agua, lleva un botecito de estaño,una akofa con osain, va montado en una cabeza humana del mismo metal, come guanajo blanco, se lava con agua de coco verde, se le pone coquitos caidos de la mata.

Obatalá Asho.

Es un joven, baila en un pie, fue rey de Ibada, se nombra Alasho Ala, su Ozain se carga en un caballo, en arará se llama Awado lleva otro juego de herramientas de fundamento de plata, una akofa, un bastón forrado con cuentas, se le echa ashe de orunmila, una bola de billar, dos muñecos, cuatro caracoles, cuatro akoide, es guerrero con banda roja en la cintura, igual a su padre Oshagriñan y su hermano Ayaguna, lleva un muñeco de cedro sin cabeza y sin pie cargado con okan de okuni y de eure de Obatalá, eru, obí, kola, osun, obí motiwao, su inshe Ozain se monta en un capullo de algodón, caído de la mata y lleva flor de sauco surrón igbin, oti, un crucifijo coral nácar, ero, obí, kola, se forra con cuero de chiva de Obatalá y se le ponen siete pañuelos de colores.

Obras al pie de Obatalá

Obra para endulzar a Obatalá.

El primer día se ruega con una fuente de arroz con leche sin sal, el segundo día con una torre de merengues con grajeas, el tercero con natilla, el cuarto con un litro de leche en una taza blanca y seis pedazos de ori, el quinto con un plato de arroz con leche con ori se ruega el sexto con calabaza blanca(china), el séptimo con champola de guanabana, el obtavo con dieciséis anones, se le pregunta el camino y se reza.

Rezo a Obatalá

Obatalá, Obataisa, Abatayanú, Obi ri wa lano.
Ka ti oké okuni ayé. Ko fiedenú babá mí.
Ayaguna leyibo jekua babá Odumila.
Oduremú asabí olodo. Babá mi ayuda.(Agó)

Canto a Obatalá

Baba fururú eleleo, baba kañeñe ele yibó.

57

Ele yibó, elé rifá, o mo ti wá sha wo, eyi borere.
baba ti bao, elu aye ya waó o, ya wa loro elese okán.
Solo- Babá elese okán, baba elese okán.
Coro-Awa loro elese okán.

Para la enfermedad estomacal

Darle una eure fun fun a Obatalá y con un asho funfun se
cubre la leri de la eure, y por la noche se lo pone sobre su
estomago con ori y efun durante cuatro dias amarrado con
un asho fun fun, después se lleva a una loma.

Obra para obatalá para riqueza

Se cogerá a Obatalá y se le pondrá un eja tutu con ori, efun
y oñi, pidiendole por la riqueza que se desea, se le dará obi
omi tutu para saber para donde se llevará y los días que se
tiene puesto delante de Obatalá.

Capítulo II

Ceremonias al pie de Obatalá

El hijo de Obatalá se le deben llevar siete días antes al pie de una Ceiba por la parte del naciente, se hacen ahí dos círculos concéntricos de harina de castilla, en el centro se marca el Odu Oshe Fun, que fue donde Obatalá obtuvo la firmeza, sobre ésto se echa semillas de habichuelas tiernas, eku, eya y efun, se encienden dos itana fuera. En el centro de los círculos sobre todo lo anterior se sacrifica una eyele fun fun cantándole oro a Obatalá, y la leri se deja ahí, se le saca el corazón y éste se deja secar para hacerlo polvo para el ashe de la leri del Iyawó.

Ceremonia de consagración de Obatalá.

Dieciséis días antes se prepara un inshe con eya tuto para todos los Eegun de Obatalá de ara-onu. Esto se prepara de la siguiente manera, se usa un eya tuto keke se machaca raíz de aroma, de jagüey, dieciséis semillas de maravillas, amansa guapo, cambia voz y lino de mar todo esto se pone en una jícara donde se marcaron: Oshe Tura, Eyiogbe y Otura She sobre esto se pone el eya tuto keke al que se le enganchan tres anzuelos en la lengua, se le pone a Obatalá y se le reza:

59

Obatalá idafun okan fun
Olófin ala bi ri ni wa,
La she tura le she to orun.
La she tura la she to laye.
Lorun lorun labi su laye.
Lorun lorun labi su na life.
Lometa koko y edo.
Baba oshagriñan baba oshagriñan baba.
Ayaguna ire eye.

Entonces se le da obí, dándole cuenta del porque se hace esta obra, se arrodilla al neófito delante de Obatalá se le presentan dos eyele fun fun y entonces se le da a Obtalá y a la jícara con el secreto, la jícara a la cual se le añade las leri de las eyele y se cubre con opolopo ori y efun, se prepara ebo con tela blanca, roja y amarilla. Se abre un hueco en la casa del que se va a consagrar o en la del que consagra (esto se le pregunta a Obatalá), en el enterramiento se llaman a los Eegun Olo Obatalá y protecciones de la persona, se pone la igba dentro se limpia al awo y el padrino del neófito con un jío jío cada uno lo rompe contra el piso de espalda se echa al joro joro se tapa con una ota que sea de Eegun y se enciende itaná okan, ahí se comerá tanto adimu como eyerbale del Eegun del iworo que se consagra las eyeles y las elese se asan y se le ponen a Obatalá al otro día se lleva a una loma.

Se hace otra ceremonia siete días antes de consagrarse se llevan las ota de Obatalá del neófito y un ikoko keke donde se pintó Oshe Tura, Eyiogbe y Otura She al pie de la misma Ceiba, se abre joro- joro para meter la ikoko con dieciséis pedacitos de obí y atare se echa epo alrededor del joro-joro donde se encienden dieciséis itanas se coloca un plato con las ota de Obatalá del neófito y éste se arrodilla enfrente llevando encima un akuko fun fun y dos eyele fun fun y se da obí a baba, dándole cuenta de lo que se va a hacer.

Entonces se limpia con el akuko y se echa dentro de la cazuela con las eyele, se limpia al neófito y se les dan a las ota y el akuko del joro joro, luego se echan junto con éste y después se limpia con dos eyele dun dun y se le da a la raíz de la Ceiba y también se mete en el joro joro, luego se le rompe la ropa y se echará también en el joro joro, por último se echan las itanas se tapa todo y se viste al neófito de blanco se encenderán dos itana sobre el joro joro la ota también tendrán Pauyé y el Ileke. En la casa se lavarán las ota con omiero de ewe tete papisami, bleo blanco y verdolaga (el bleo blanco finito).

Suyere para dar eiyelé fun fun:

Mo wa Obatala Obalufon.
Mo wa eye eye eiyelé.
Obalufon mo wa eye eye eiyelé.

Suyere de las eiyelé dúdú.

Baba ku okan ku abole leye ati mo fo.
Eiyelé eye.
Eiyelé baba abile be leye.

Consagracion del Agogó de Obatalá.

El Agogó de Obatalá se consagra así:

Se le pinta por dentro Oyekun meyi, luego de lavada con omiero se le unta ori y se pone a comer con Obatalá una eyele y una adie, ésta se le pone encima a Obatalá (cocinadas), a los tres días se manda para la loma y se le pone una igba con saraeko con efún, wewe dun dun eniye. Todo se le presenta a Obatalá durante siete días con el fin de que Obatalá no se asuste y se vaya.

Suyere de la consagracion del agogo.

Agogó baba no agogó olorun
mofuko baba agogo olorun Obatalá denu,

completamente de fulano de tal, la piedra.

Entonces se cogen las igbin y se meten dentro de Obatalá, el agogó se levanta invertido y se canta:

Ikule ogu ogu masa pago bo tinshe oku oku aleri.

Traducción:

La muerte caza sin remedio silenciosamente, el acerca las cabezas.

Se desbarata las igbin dentro de Obatalá cantando:

Igbin tola Obatalá unyen un
Igbin ire baye kono bara.

Esto se polvorea con efun, se tapa a Obatalá y se le deja en el piso tres días, se le saca todo y se lleva a enterrar a Aragba, por el poniente pidiéndole ofo leri de fulano de tal, ahora cuando se trata de problemas de salud el rezo es distinto:

Obatala oba ile ife aron, akana ni ba ni yeye arun, arun ewo nio iku arun unlo.

Traducción:
Obatalá rey de ilife la enfermedad de la tiñosa me asusta, que la enfermedad se aleje, y usted me resguarde de eso.

Cuando se levante el ago el suyere es el siguiente:

Obatalá wa be mi fu mi alamu soko.

Traducción:
Obatalá sálvame, cúbreme con su manto.

Cuando se desbaraten los igbin el canto es el mismo dando a conocer a Obatalá que es para so didé.

Consagracion de Iruke a Obatala.

Esto es lo que llamamos el rabo de Obatalá, es el verdadero que se emplea en ituto, para ir limpiando el féretro del iworo u oluo fallecido para esto debe estar bien consagrado, éste es de rabo mula o de vaca blanca o dorada, la empuñadura se carga con :leri de eure de Obatalá, akuko, eyele, adie fun, ashe de orunmila, ero, obí, kola, obí motiwao, osun orogbo y aira. Se le ponen atare y se forra con tela, cuentas blancas y caracoles, este rabo come: eyele en la empuñadura el día primero de año, cuando se le dá a Obatalá las dos palomas blancas como se acostumbra ese día se le da y así queda verdaderamente capacitado para cumplir las funciones especificas de limpieza del iworo la cual es su verdadera función. Para ser mayor su reforzamiento de ser

63

posible se le echa polvo de marfil, incluido entre los fundamentos de la carga.

Como se le da de comer Abo a Obatalá.

Esto es de Ogúnda Biogbe y en específico de Obatalá Yeku Yeku se necesita un Abo fun fun, akuko merin, eyele merin bogbo tenunyen, un akuko.

Ceremonia.

En el suelo se pinta un osun de Obatalá, sobre éste se pone a Obatalá y a su lado se le hace un osun blanco, rojo, azul, y amarillo, y ahí se pone a Oke.

Al frente de todo se pone un plato al que se le pinta una atena. Ahí se ponen ocho pedazos de obí con ori y un atare sobre cada pedazo de obí, Elegwá va a la entrada de igbodun, se le da obi omi tuto a Elegwá, a Oke a Obatalá y al plato, dándole cuenta de lo que se va a hacer después se le da el akuko a Elegwá el abo lo entiza con asho fun fun después de haber sido bañado con omiero de Obatalá se entra al cuarto guiado por el padrino awo que lo pasea tres veces alrededor de Obatalá el cual tiene ocho itana encendidas y se canta:

Obatalá yoriba iye yoriba ifa.

Se le sacrifica el Abo a Obatalá echándole eyebale, primero al plato después a Oke y por último a Obatalá cantándole el siguiente suyere:

Biori abo oje obatala biory abo Yeku Yeku.

Después se le da akuko y eyele a Obatalá y a Oke echándole también de la eyebale a Obatalá a Oke y al plato, lo demás es como si fuera la ceremonia con un ewu a Obatalá los iñales del abo se le ponen a Obatalá con ocho bolas de ishu y opolopo ori.

Iguin a Obatalá.

 Estos son las malú de Obatalá es decir la vaca, se le da a este orisha frescas para resolver una gran guerra o cosa de la salud, se le dan en número de 101, para esto se pinta en el piso un círculo de efún y otro de ori, donde queda Obatalá dentro, se pinta Irete Untelu, se pone a Obatalá, se le deja sólo las ota entonces se le da cuenta de lo que se va a hacer y se encienden las 16 itana rezándole así:

Obatalá owuiriogba eyiogbe abi gbogbo awo
yo omo olofin oba guiri danu
lowo oshika ofo oshika oloyu afota funalo de tal.

Esto significa: Obatalá, rey poderoso de Eyiogbe, con tus manos saca a tus hijos de la trampa, corta las manos de los hombres ladinos, haz perder la vista de los hombre malvados, que fulano de tal la pierda.

Ceremonia para darle Guabina a Obatalá.

En el Odu Ofun meyi, donde Obatalá se curó de la vista con el gran secreto que le dio Abata, o sea la guabina, rogándose con el pescado, en conmemoración de esto es que el Odu se le da sangre de dos guabinas a Obatalá, además de esto, cuando Obatalá lo pida a través de una consulta, o de su mismo mecanismo de presentimiento (eleda, cabeza), ó proceso de con algún hijo ó familiar muy allegado, este rito sólo puede en propiedad ser realizado por el Babalawo, aunque cualquier santero(Iworo) necesitado puede realizarlo o auxiliarse, si lo desea de un Awo para darle dos guabinas a su Obatalá, cuando el operante sea Awo o Iworo principalmente el primero tenga consagrada una awofaka para usarla directamente con Obatalá. Ésta come adie dun dun, cuando no la tenga, el interesado en este caso si fuera Iworo tiene que utilizar el Ifa del Babalawo oficiante o si es Awo utiliza su propio Ifa para hacer el itan.

Ingredientes.

2 Eya oro (guabinas).
2 Abecboadie (gallinas blancas).

66

1 Akuko.
4 Eyele fun fun.

Pintura ritual, aquí varia, pues no lleva osun, sino efún, se mezcla, iye de moruro pero el osun se sustituye con iguin machacado, bien pulverizado que se diluye por una solución formada por verdolaga, bleo blanco y prodigiosa, esto se pinta ewe botón de oro, frescura y prodigiosa, ocho velas grandes, dieciséis hojas de prodigiosa. ocho adimú, ekru, akara, eku, eya, awado niña, awara, ishu, saraeko, oka oshinshin, ori, oñi, obí, otí. Obatalá se lava con omiero de botón de oro, frescura y prodigiosa, en el piso se marcan los meyi con la pintura preparada, se cubre de arena se le marcan Oshe Tura y Oragun, se le raza los meyi y Oshe Tura, después frente a esto se le pone la atena que se señaló en las demás ceremonias.

La awofaka o el Ifa al lado de Obatalá, se le pone alrededor los adimú y las velas encendidas y se comienza a moyugbar como de costumbre y diciendo esto acto seguido se reza:

Eyi ro tutu omo fi gbori loni omo
olodumare abata oshun ma re ore mo fi
beko ri ni ko ma kuelu kudifan eya oro tutu
eye ala mo rere Obatalá ko dire awo
ko dire owo ariku tishoben.

Entonces el oficiante o sea el awo o iworo se encuera(desnuda) y brinda el saraeko primero a todos los presentes y después toma él, acto seguido se viste y se le presenta la Guabina a Obatalá, se le arranca unas escamas de la cabeza con el siguiente suyere:

Yan ki yan Yan ki yan orun
Bara yan wese yan wese orun.

Acto seguido con el mismo procedimiento del pargo se le
da eyebale a Obatalá cantando así:

Eya oro eya oro onire baba ala weye onire.
Eya oro eya oro onire baba ala weye onire.

Después   con otra guabina, se   le   dan acto seguido las
abeboadie a Obatalá y las   abeboadie dú dú a su Ifá y las
eiyelé a Obatalá, entonces se le cantan a Obatalá el suyere
siguiente:
                    Baba olu maku, baba olu maku
            Mo shi kambo gbogbo lebo nifa Orunmila
                    okuni o baba ara fe.
                baba ara fe, baba ounlo ewu mi
                ni yo yeyeo okuni baba ko.

Después se le echa omi a Obatalá y se le echa escamas de la
guabina y la juju de las adie y eyele fun fun después se coge
las leri de la eya oro y se el ponen a Obatalá con los iñales
de las adie y las pollonas después las leri de eya oro se
ponen a sacar dentro de la sopera de Obatalá.

Las adie de Obatalá y las eyele se ponen sobre la atena de
la arena y todo al tercer día, los cuerpos de la guabina se
llevan crudos al río y al echarle a Odo se reza lo siguiente:

            Olo mi ko dire owo ko dire omo ko dire
            Ariku baba wa oba mlodo olo sun
            Aya ka roto abata nishe fumi.

68

Después se le echa omi a Obatalá y se le echa escamas de la guabina y la jojo de las adie y eyeles fun fun después se coge las leri de la eya oro y se le ponen a Obatalá con los iñales de las adie y las pollonas después las leri de eya oro se pone a secar dentro de la sopera de Obatalá.

Las adie de Obatalá y las eyele se pone sobre la atena de la arena y todo al tercer día se hace ebo y se bota al río y se hace un itán. Los cuerpos de la guabina se llevan crudos al río y al echarle a Odo se reza lo siguiente:

Olo mi ko dire owo ko dire
Omo ko dire ariku babá wa,
Oba mlodo olo sun aya ka roto
abata ni she fumi.

Ejoro a Obatalá
Esto es del Odu Iwori Obara, se necesitan dos conejos blancos (ejoro), fun fun, eyele, oyi, fun fun, akuko, osadie dun dun, efun, ori, oti, oñi, un garabato de vencedor, cuatro velas, ewe atiponla, algodón, prodigiosa y estona-doti.

Se pinta en el suelo un osun de Obatalá sobre este se pone a Obatalá dentro de una igba que tiene pintada la atena Oshe Tura, Iwori Obara y Otura She. A un lado se pone un plato con una atena e ingredientes que se indicaron en el tratado de ayapa a Obatalá y frente a esto se pone el garabato vencedor. Se le da obi a Eshu Elegba en la esquina y a Obatalá se le sacrifica el osadie a Eshu en la esquina y el akukó a Elegba.

Los dos Ejoro que se han lavado con omiero de los ewe señalados, se le da a Obatalá aturdiéndolos con un golpe de garabato, después sobre el plato y sobre Obatalá las últimas gotas cantando el suyere siguiente:

Ejoro igbo ejoro okun obatala ejoro ma lo kua.

Se le da las eyele y obí para ver como lo recibieron todo, se descuera los Ejoros y se le ponen asados a Obatalá. Los iñale de éstos se comen sentado frente a Obatalá y los de las eyele se le ofrendan a Obatalá diciendo el rezo para esos efectos.

Ayapa a Obatalá.

Esto es del Odu Osa Kuleyá se necesitan dos ayapas pequeñas, 2 akuko o 2 adie según sea el Obatalá macho o hembra, 8 ekru, 8 eko, 8 akara, 8 olele, eku, eya, eya, oti, oñi, 4 se pintan en el suelo un osun de Obatalá, encima se coloca a Obatalá y al lado se pone un plato

blanco en el que se ha pintado la siguiente atena: Oshe Tura, Oshe Fun y Otura She.

En el plato se ponen cuatro pedazos de obí con epo y atare y frente a esto se pintan, los círculos: uno blanco, rojo, azul y amarillo y allí se coloca a oke. A las ayapa se le pinta Osa Kuleya en el caparazón (carapacho), y se unta de ori se le dá obí a Elegba a Obatalá, Oke y al plato. Se le dan las ayapa a Obatalá anteriormente el akuko a Elegba. Se le echa eyebale de las ayapa a Oke, al plato y las últimas gotas a Obatalá con vino seco, las leri se ponen debajo de la sopera de Baba, cuando se está sacrificando las ayapa se canta:

Obatalá tele gbo Obatalá mo pa
ayapa ayapa loro tire leri labe Obatala.

Después se dan las adie fun fun los dos akuko y obí, para saber como recibió la ofrenda, las leri se guardan y después se sacan dentro de Obatalá, los ará de las ayapa se rellenan con ori, efun, ori, e iyefa y se le ponen a Obatalá los adimú y los iñale de los akuko y de las adie.

Awuasa a Obatalá.

Esto es el Odu Ogbe Tuanilara se hace para resolver un problema o guerra y se necesitan una awasa fun fun(jutía blanca o albina como se le dice), dos eyele fun fun, ori, efun, eku, oñi, oti, cuatro velas y asho fun fun, se pinta en el patio un osun de Obatalá y en la ota de Obatalá se pinta el odu Baba e Eyiogbe y dentro de las sopera la siguiente atena: Oshe Tura, Ogbe Tua y Otura She.

Se le dá obí a Elegba y akuko, obí a Obatalá y después la awuasa que se ha lavado con omiero y vestido con asho fun fun y aturdido con un obí se degolla y cantándole así:

Baba orisha fun fun aina.
Bogbo lorisha da je aina ku awa orisha.
De awado obatala ounyen eku bi one ro.
Abi o eu o gbogbo yo omolofin.

71

A continuación se dan las dos eyele, se encienden las itana después de darle obí para ver como recibió la ofrenda. las jutías se mandan a enterrar al pie de una Ceiba, la leri se ahuma y vive al lado de Baba, los iñale y los ará de las eyele se le presentan y se asan.

El Por qué del asentamiento en la regla de Osha

La experiencia y la vida a demostrado que el hombre tiende a olvidar su patrón arquetipo o plan de destino impuesto por su doble espiritual en el cielo, principalmente debido a la influencia del medio (ambiente y social), y esto muchas veces ocasiona que el individuo adopte una personalidad aparente, un plan de vida diferentes de la tarea que ha debido realizar su doble espiritual en el cielo y es ahí entonces, donde se producen los desbalances emocionales, las des-armonías espirituales y con ellos los problemas. Estos pueden presentarse de innumerables maneras, puede ser que se presenten enfermedades de cualquier índole, o problemas de carácter que distorsionen total o parcialmente la imagen y apariencia ante los demás, ocasionando a la gente grandes problemas sociales a veces insolubles, también el medio puede influenciar negativamente y provocar un comportamiento antisocial u otras conductas inadecuadas con resultados catastróficos. Muchas pudieran ser las consecuencias de un comportamiento por las cuales, la persona decide acudir en busca de apoyo en alguien que les brinde asesoramiento espiritual. Serían realmente innumerables los tipos de problemáticas que se pudieran abordar susceptibles de esos análisis aquí, pero no es mi propósito profundizar en ellos en esta ocasión.

Muchas veces la persona va en busca de ayuda espiritual e inconscientemente, no se percata que sus astrales y espiritualidades guías son los causantes de dicha decisión. Otros la buscan conscientemente porque no encuentran en otros medios la ayuda esperada. Es ahí precisamente donde comienza un largo camino, que generalmente culmina con el asentamiento en Osha de muchas personas.

El proceso de asentamiento lo que busca fundamentalmente, es que afloren las mejores cualidades o aspectos positivos que están grabados en los genes del individuo desde su formación, y que subyacen en su conciencia, y que el medio, con el trascurso del tiempo, se ha encargado de solapar o minimizar, pero están ahí presentes, escondido en lo más profundo de la conciencia de ese ser, porque estos códigos han sido influenciados directamente por el espíritu desde la formación misma de cada individuo, ya que forman parte del acervo informativo histórico acumulando de las anteriores reencarnaciones. Él podrá haberse desviado de su ruta y del proyecto destinado para él, pero su doble espiritual sigue manteniéndolo fielmente en el cielo. En estos casos todo lo que debe hacerse es, lograr nuevamente el alineamiento con aquél.

Afortunadamente para muchos, no todas las personas tendrán que pasar por estos rituales para conseguir su alineamiento. Ello depende de varios factores, entre ellos por ejemplo, la cantidad de reencarnaciones que haya realizado su espíritu encarcelado de regreso al planeta tierra, y el cumplimiento del plan de vida que ha debido desarrollar en cada una de esas misiones en el nuevo cuerpo, etc.

Este último aspecto ha sido ampliamente tratado y discutido por muchos investigadores desde la antigüedad, pero en particular me gustaría presentar aquí, alguna opinión de alguien que más recientemente ha venido realizando estudios relacionado con estos temas; por ejemplo, el Babalawo Roberto Rodriguez Awo Otura Oshé, realiza las siguientes reflexciones al respecto:

Si partimos de la base de que somos seres espirituales los cuales estamos encarnando un cuerpo material en este ciclo de nuestra existencia (llamémosla vida actual en el mundo físico) coincido con mi amigo Marcelo en que el doble spiritual hace un plan original para venir al mundo, desde mi óptica, ese doble espiritual no es más nadie que <u>nosotros mismos como esencia,</u> ya que si somos un cuerpo o ser espiritual no somos entonces en esencia este cuerpo físico que vemos y sentimos, este cuerpo físico es el móvil a través del cual, nos comunicamos con el mundo físico para llevar a cabo nuestro plan de destino, podría ser cierto que nuestro destino se acuerde antes de venir al mundo físico, ese es el <u>propósito básico</u> de nuestra existencia en esta vida y quizás el propósito continuado de muchas otras vidas atrás. Es **Ori**** quien crea ese propósito básico, o ese plan de destino, es la elección original y básica de* **Ori***, es el libre albedrío original esencial y básico.*

Ori *somos nosotros en esencia, nosotros no tenemos un* **Ori***, nosotros, que somos* **Ori***, tenemos un cuerpo físico que estamos encarnando. En otros términos: No está correcto decir que tenemos un alma, sería más correcto decir que somos un alma que poseemos un cuerpo físico material en esta vida, la cual viene existiendo hace muchísimos años. Podríamos llenar páginas con información sobre* **Ori***, de forma que sea una información entendible para todo aquel iniciado y no iniciado incluso en la religión Yoruba.*

*Orí: Cabeza interna, sinónimo del destino de la persona.

74

Ori (nosotros mismos en esencia), para comunicarse con el cuerpo material (todo ser humano que conocemos) usa un órgano llamado **mente**, *y ese órgano tiene un mecanismo de funcionamiento que funciona, computa de forma exacta, y no hay nada más exacto que la mente humana, pero como toda computadora tiene que tener un software instalado para que funcione y obtener un resultado de ella, ese software es el método utilizado para elaborar datos y llegar a conclusiones. Nuestras mentes tienen también su software y los datos utilizados no son más que las ideas que surgen. Las conclusiones preconcebidas, las culturas, las experiencias, etc., son parte del mundo físico y son las que verdaderamente nos desvían del plan original de destino. Hay también tiene su origen en alguna medida, una gran parte de las enfermedades que padece el hombre (enfermedades psicosomáticas), los comportamientos (basados en la cultura, como por ejemplo la diferencia en el comportamiento cultural entre un asiático y un latino, ...los dos en esencia son seres espirituales, pero están moldeados por distintas culturas y eso determina un comportamiento diferente).*

*Los Yoruba conciben el mundo como una gran calabaza dividida en dos mitades, una mitad representa la parte espiritual (**Ori**, **el alma**, el cual vive o habita en un medio que tiene sus leyes básicas para su existencia) y la parte material (todo lo que conocemos en el mundo en que vivimos, que vemos, palpamos, degustamos, tocamos, etc., incluyendo nuestro cuerpo físico), nuestro cuerpo físico es el primer contacto de **Ori** con el mundo físico, y a través de él, **Ori** viene a la conquista del mundo. La obra de **Ori**, puede ser apreciada hoy en día por nosotros, ahí están las grandes autopistas y carreteras que antes no estuvieron, las grandes arquitecturas, la conquista del cosmos por el ser humano, los grandes puentes, las múltiples líneas de comunicaciones creadas, el mundo de la ingeniería aeronáutica y*

75

espacial, etc. *Detrás de cada Nuevo descubrimiento del hombre, está su **Ori** (o mejor dicho, cada **Ori** encarna a un ser humano para hacer su propia obra de conquista del mundo físico, y nosotros actualmente realizamos lo que nos corresponde a través de nuestro cuerpo o materia que poseemos). IFA habla del equilibrio que debe existir entre estas dos mitades esféricas: Amosun y Amoro, las dos tierras, los dos mundos.*

Asumamos que en la mitad de la calabaza que representa la parte espiritual, ahí está todo el conocimiento existente, están IFA, la metafísica, el misticismo, el universo infinito, etc. y en la otra parte de la calabaza que representa la parte material, está el universo finito donde todo se puede experimentar, percibir, medir, etc., aquí estaría situado los descubrimientos científicos, las personas, las relaciones humanas, las comunicaciones, las guerras, la paz, lo "bueno" y lo "malo".

Y asumamos que existe una línea divisoria entre estas dos mitades, esa línea divisoria estaría representada por la mente humana, siendo esta la conexión entre las dos mitades, la conexión entre el hombre y el mundo espiritual, por lo que cada ser humano, cada hombre para comunicarse a través de su religión, sea cual fuere (IFA, Cristianismo, Budismo, Islam, catolicismo, etc.), tiene que usar su mente.

Basado en estos principios llegamos a concluir que: Independientemente de la existencia de IFA y de todas las religiones, las personas tienen sus propias mentes, podrán existir diferentes religiones pero independientemente de ellas, todas las personas tendrán que conectarse con ellas, a través del mismo órgano: La mente, entonces vemos que la mente humana ejerce un control de mando superior sobre el ser humano. Una persona podría estar recibiendo mensajes de ayuda de su santo o su dios al cual es devoto, y sin embargo no percibir dicha ayuda si su mente no está funcionando adecuadamente. Existe IFA, existe el Islam, existe el Cristianismo, existe todo y cada cual da su punto de vista sobre la vida y cada cual es libre de escoger que camino toma para "llegar a Roma", pero de lo que si estoy seguro, es que los mensajes de su Dios podrían llegar tergiversados, si su mente no está "limpia" y alineada (o lo que es equivalente a decir: si su computadora tiene virus). Quizás haya interrupción en las líneas de comunicación,......y no es culpa de la religión, ni de un santo u otro, es responsabilidad del ser humano, pues tiene el órgano con el cual se comunica fuera de sintonía, o lo que es equivalente decir: "tiene su computadora llena de virus", habría que limpiarla, alinearla y ordenarla para ponerla en óptimas condiciones de funcionamiento. Fin de la cita

Esto quien lo conoce con toda profundidad es Orunmila, quien está capacitado como espiritualidad, para descifrar a la perfección dichos códigos genéticos, porque como testigo privilegiado que fue de la creación (según el Odu de Ifá Osá Ogún leyá), también fue testigo del destino de toda la materia creada por Olodumare en el universo, incluso, de su subproducto el ser humano. Es por ello que él es el único capaz de establecer cuándo, cómo, y en qué momento, una persona debe alinearse con sus espiritualidades a través del asentamiento o del Yoko Osha.

Lamentablemente en muchas ocasiones personas inescrupulosas y con un alto grado de desconocimiento de nuestra ancestral cultura religiosa, hacen caso omiso del más elemental sentido de la razón y de la ética, y acometen todo tipo de engaño a aquellos quienes han depositado él su fe y todas sus esperanzas.

Características y Cualidades del momento crítico

 De todos es conocido y no es un secreto para nadie, que cuando a una persona se le asienta osha se le afeita el cuero cabelludo y esto tiene una razón muy importante, es que en el proceso de asentamiento a la cabeza van una serie de elementos litúrgicos debidamente consagrados que deben estar en contacto directo con la piel bien limpia y esterilizada. Esto permite una transferencia energética lo más eficientemente posible entre las espiritualidades externas que ahí se están convocando y las internas, el orí de la persona.

Se busca entonces provocar un estado emocional de forma que se propicie un flujo de transmisión energético-espiritual hacia el interior del cerebro, por supuesto, esto se logra en la misma medida en que los cánticos, invocaciones y los encantamientos implícitos en los rezos que se realicen, sean los suficientemente cualitativos como para que se logre dicho estado, que es precisamente, el momento crítico, cumbre y acelerador del proceso. Es por eso muy importante que los llamados Oba ó Oba-ateros (rei de estera) que dirigen estas ceremonias, estén debidamente calificados como tal, y además, sean preferiblemente médium perceptivos ya que parte de su responsabilidad es lograr tal estado en las personas a las que ellos están consagrando. Es necesario que los que dirigen estas ceremonias, tengan los conocimientos y la suficiente pericia, para dominar la correcta pronunciación de los dialectos que se emplean en estos rezos y cantos, ya que en la calidad de la pronunciación está el quit, para que se logre

78

mover las energías sonoras, y producir por tanto, los necesarios encantamientos* implícitos en ellos que a su vez, alteran los estados de la materia y lograr con eso finalmente los efectos requeridos.

Si nos apoyamos en la teoría de Crookes** y, en el esfuerzo de concentración mental que tiene que realizar un médium para poder establecer una comunicación espiritual, fácilmente llegamos a concluir que esa transferencia de datos, tiene que ser, entre los espíritus que contienen la información almacenada y la mente del médium, que es en definitivas el que conecta y capta esa señal. Y a eso se le llama *"energía espiritual"*, que es la capacidad que muestra el ser humano al interactuar con espíritus o entes de otros planos.

Repito, no todos tienen la necesidad de iniciarse en estas ceremonias, ya lo hemos explicado antes, es Orunmila quien determina finalmente si es necesario realizar a la persona este asentamiento o no.

Hay muchas preguntas sobre la religión que la ciencia no ha podido responder por ejemplo: ¿Qué es el alma? ¿Hay vida tras la muerte? ¿Existe dios?, etc. De todas formas, cualquier cosa que sucede dentro del cerebro está más allá de la ciencia.

*Encantamiento: Son aquellas palabras mágicas que al pronunciarlas rítmicamente en cierto intervalo de frecuencias de la voz, se produce un tono capas de generar ondas, cuya energía pueden producir alteraciones en la materia misma, por supuesto, eso depente del tono, la frecuencia y la intensidad de la fuente sonora. Tal ejemplo se pudiera tomar comparativamente, cuando un tono alto en un instrumento musical o de algúna fuente productora de sonidos muy agudos, produce una enería

que pudiera destuir un cristal u otro material que vibre armonicamente con él.

**(William Crookes (1832- 1919), físico y químico inglés. Descubrió el elemento Talio y fue el inventor del radiómetro. Trató de demostrar científicamente las manifestaciones de los espíritus, y para ello empleó aparatos físicos y mecánicos. Llegó a afirmar en 1879 la existencia de un nuevo estado de la materia, que llamó materia radiante, lo que le valió un premio de la Academia de Ciencias de Francia. Elaboró una teoría acerca de la telepatía en la que se afirmaba que entre los cerebros se establecía una comunicación ondulatoria).

Desde hace algún tiempo los científicos realizan una serie de investigaciones y experimentos científicos un poco controvertidos para explorar cómo el cerebro podría generar experiencias espirituales. Se toman individuos al azar, se llevan al laboratorio se les ubica en una cámara acústica y se les venda los ojos para que las neuronas que habitualmente están relacionadas con la tensión, sean incluidas en la experiencia de forma tal, que las amplifiquen para que el individuo experimente formas muy intensas. Se parte de que los voluntarios escogidos, no tienen conocimiento ni idea de que trata el experimento. Se espera que se relajen y estén descansados para que relaten en ese estado sus experiencias. Para eso diseñó un método para estimular el lóbulo temporal.

En un casco suficientemente dotado de los circuitos eléctricos necesarios, que se le pone al individuo en su cabeza, se genera un campo magnético que amplifica la actividad en esa parte del cerebro y estimula los pensamientos y las sensaciones allí producidas. Estas experiencias están siempre relacionadas con temas del lóbulo temporal vibraciones, movimientos, etc.

No obstante que estos experimentos de estimulación no produjeron experiencias espirituales bien definidas, el Dr.Michael Persinger*

80

considera que se recrean muchas de las sensaciones básicas que acompañan a la creencia religiosa. Y, asegura que las experiencias que llamamos Dios, provienen del cerebro y que son posibles duplicarlas experimentalmente en el laboratorio, o al menos, fragmentos de ellas. Que no son sólo experiencias privilegiadas de algunos o de ciertos individuos consagrados para interpretarlas, todos las tenemos, forman parte de nuestro cerebro y como cualquier talento, algunos tendrán más experiencias que otros, lo cierto es, que ahora la ciencia cuenta con la tecnología para descubrir cómo funcionan estas experiencias. Fin de la cita.

Son esas cualidades intrínsecas específicas individuales de cada persona, la que la condiciona para propiciar una buena fluidez espiritual en esos momentos.

La excitación y emociones a las que ha estado sometido el iniciado desde la noche anterior (recuerde que en el tiempo que transcurre la penitencia, la persona debe estar en máxima concentración pidiendo el auxilio de sus espiritualidades protectoras), hace que sus posibilidades sensoriales aumenten significativamente. En esas condiciones el osún y los demás elementos litúrgicos consagrados aplicados directamente en la piel de la cabeza, comienzan a realizar sus funciones. Y se propician las condiciones biológicas en el individuo para el intercambio. Esta aplicación (àşe) va penetrando lentamente, microscópicamente a través de la piel.

Veamos en detalle lo que a mi juicio considero acontece en este proceso:

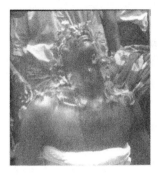 Hace algún tiempo dos científicos el Dr. Michel Cabanac physiologista profesor de la universidad Laval Quevec y la Dra. Dean Falk antropóloga profesor de la Universidad del Estado de New York, estudiaron el comportamiento y desarrollo del cerebro y concluyeron que el agrandamiento de este en los seres humanos, tenía que ver con la posición bípeda de los mismos. Ellos descubrieron que, con el desarrollo del cerebro, se desarrollaron también una serie de agujeros en el graneo que en el caso de los seres humanos modernos eran bastante en toda la superficie craneal. "Recordemos que el Odu de Ifá Oturupon meji, Ifa dice: que ahí fue donde los hombres primitivos comenzaron a evolucionar biológicamente, para que el espíritu mejorado pudiera expresarse"(texto extraido del Tratado de los Odu de Ifa Tomo III).

En cada uno de estos agujeros había una pequeña vena llamadas emisarias por donde se establece un flujo sanguíneo en ambas direcciones, desde el interior del cerebro hasta la superficie de la piel y viceversa, estas venas emisarias no tienen válvulas y la sangre puede fluir por ellas en ambas direcciones afirma Cabanac. Normalmente la sangre fluye de adentro hacia fuera del cerebro, pero cuando nos recalentamos este proceso se invierte y el cerebro se enfría a través de este flujo sanguíneo en la superficie de la piel, ya que el cerebro humano es incapaz de resistir temperaturas elevadas. Quiere esto decir, que el cuero cabelludo actúa como un radiador de calor del cerebro.

 Lo cierto es, que este mismo proceso también es válido cuando se provoca cierto estado emocional que ocasiona cambios internos en la temperatura corporal de la persona, ciertas condiciones biológicas en el individuo que se está consagrando, pueden provocar también que se acelere automáticamente el flujo sanguíneo a través de estas venas emisarias que comunican el interior del cerebro con la superficie de la piel, allí se produce un intercambio energético entre las pequeñísimas partículas disueltas en una solución alcohólica de los elementos litúrgicos que están aplicados directamente sobre la superficie de la piel, y los vasos sanguíneos que están en las capas intermedias llamada Dermis, que contiene los medios de nutrición, comunicación y control de temperatura de la piel (aclaro que sólo tomo como referencia la forma en que se efectúan estas ceremonia en Cuba, recuerde la importancias que tiene la escogencia de las hierbas del llamado *"machuquillo"* que forma parte también de esta mezcla, y el gran contenido espiritual-energéticos y nutritivos que poseen las mismas. Estas hierbas son de secreto exclusivo de cada madrina o padrino y sólo ella o él las escogen cuidadosamente para esta ceremonia). Con el afeitado de la cabeza se logra un buen raspado de la Epidermis, lo que proporciona, la eliminación de gran parte del grosor de la capa de células muertas que vienen aflorando del interior de la piel, para ser eliminadas naturalmente en el proceso de renovación de la nueva piel, poniéndola así más susceptible para la adsorción. Esta penetración será también más o menos efectiva dependiendo de las

83

calidades de los materiales que se empleen en la preparación de estos importantes elementos litúrgicos. Por ejemplo, en la antigüedad nuestros antepasados africanos solían seleccionar y utilizaban muy bien estos materiales, generalmente los extraían de la naturaleza como por ejemplo las tintura y resinas coloreada obtenida de los árboles y los denominados ashe (que son semillas y frutos recolectadas de árboles sagrados Obi, Obi kola, Aira, Osún naburú, etc.). En general los alcoholes utilizados lo obtenían por la fermentación de componentes orgánicos tales como las frutas, azúcares, maíz, etc. o propiamente en el mercado donde existen varios tipos, que por su calidad podían resultar unos mejores que otros. Además, tomaban especial cuidado, en la debida consagración de estos elementos litúrgicos a través de rezos y cantos.

Sólo para la reflexión. Es significativo notar el paralelismo conceptual que existe entre las condiciones acústicas que consiguiera el Dr. Michael Persinger en el experimento de su laboratorio antes descritas, para conseguir estimular y provocar tensiones internas en el individuo, comparándolas con las que se consiguen en el cuarto de ceremonias en el momento de la parada, cuando se invocan ahí a los Irunmole entonando sus canticos, sentada la persona sobre el pilón, con los ojos cerrados, los paños puestos en la cabeza hasta las rodillas y la posición del oba sentado de frente al Iyawo y muy cerca de sus oídos, cantando y sonando el agogo de Obatala, o la campanilla de Oshún, o el Asheré de Shangó y Yemayá. Esta ceremonia que nace en el odu de Ifá Ofun Ojuani… ¿No pareciera semejar también a un recinto acústico, para lograr estimular las neuronas cerebrales relacionadas con la tensión y de esa forma, activar los circuitos eléctricos necesarios dentro del cerebro?. Por supuesto, nadie podría negarme la posibilidad de que nuestros antepasados sin saberlo, lograran tales efectos.

Personas bien informadas al respecto me han comentado que algunos sacerdotes de ifá en áfrica, por ejemplo, se rasuran la cabeza y después se realizan obras con el objetivo de mejorar su memoria, y se practican incisiones en la superficie de la piel, para lograr garantizar una buena penetración y así, un buen intercambio con estos elementos.

Analizando por ejemplo uno de los Iyeres (cantos), que se utiliza en esta ceremonia, el cual influye significativamente en la producción vibracional en el momento crítico es el siguiente:

Ẹee suré wa o şu ra u ro

Que quiere decir:

Venga usted a bendecir aplicanandole a (él ó ella) su tierna purificación.

Es de destacar si queremos esta invocación, tenga un resultado exitoso, es fundamental el acople del coro que responde el canto, tratando de lograr una entonación suave y melodiosa. Ya que esto propiciará, las condiciones ambientales y sonoras necesarias para producir un flujo espiritual.

Esta armonía produce un conjunto de ondas vibratorias de baja frecuencia, formado por las notas musicales: ..... que en su conjunto constituye un mantra. Recuerde que los dialectos yorubas son además tonales y por regla general, sus Iyere (canticos rituales) varía entre un rango de frecuencias correspondientes a las notas entre DO, RE, MI, FA y SOL incluídos sostenidos y bemoles.

Estas energías naturales y vibracional suministrada al torrente sanguíneo a través de los espacios intercelulares de la dermis, y la acústica lograda a base de rezos, canticos y encantamientos, bien pudieran influenciar en los puntos neurálgicos del cerebro, para provocar un mayor fluido de sustancias neuro-transmisoras como la Dopamina y la Serotonina entre otras por citar algunos ejemplos, que estimule la realimentación cerebral que son en definitivas, las encargadas de producir las reacciones en el hipotálamo, en el lóbulo temporal y el frontal donde están situados el centro de nuestros movimiento y nuestra memoria, de manera que pudiera estimularse aquellas buenas cualidades individuales grabadas allí y almacenadas desde desde su formación embrionaria, y que ahora se busca nuevamente resaltar.

Todo ser nace con una simiente buena y otra mala, siempre debe buscarse estimular el crecimiento de las buenas intenciones y con ello el verdadero crecimiento del ser humano. Y, por otra parte, estimular y elevar también, los niveles de las potencialidades internas intrincicas que poseemos todos dadas por Dios y que también en ocasiones el medio corrompe, debilita y opaca. Eso es precisamente lo que se trata de conseguir con el alineamiento a través del *Yoko Osha* (ceremonia de consagración yoruba en la regla de Oshas en cuba), y es por eso que muchos consagrados (denominados Iyawo) expresan, después de pasar por estas ceremonias, experimentar la sensación como de un nuevo renacer.

Además, tengamos en cuenta que, la Dopamina permite que las células cerebrales llamadas neuronas se comuniquen entre sí y existen además docenas de sustancias químicas que como la Dopamina tienen sus propias funciones en el cerebro. Entre cada neurona existen espacios conocidos como *Sinapsis*. Cuando una señal eléctrica alcanza el extremo de una neurona, libera una sustancia química especial, este neuro-transmisor viaja a través de la Sinapsis que provoca una nueva señal eléctrica en la célula contigua siguiente.

Todo lo que hacemos involucra de una forma u otra una gran cantidad de movimiento de sustancias químicas y de actividad eléctrica dentro de nuestro cerebro.
Un cambio en el comportamiento del cerebro puede provocar cambios drásticos en el comportamiento y personalidad de la persona. Como hemos apuntado anteriormente, los lóbulos frontales son las partes más complejas del cerebro, las que a su vez nos diferencian individualmente de otras personas. Ellas son muy importantes para nuestro temperamento, nuestra interacción social, nuestro estilo personal y todo ello depende de los lóbulos frontales. Para que se tenga una idea de su importancia, un cambio en el cerebro puede transformar a la persona en un comportamiento muy distinto al habitual. Puede revelarse habilidades que nunca antes la persona había sabido que tenía y se pudieran producir también, cambios drásticos en la personalidad. Esto quiere decir que se pudiera en algún momento, explicar aspecto de la personalidad individual y la creatividad, en términos de procesos químicos internos del cerebro. Por tanto, si se logra cierta reorganización generalizada en los sistemas de circuitos eléctricos del cerebro de la persona, pudiera lograrse cambios

sustanciales en la personalidad y en las cualidades individuales.

Importancia del Machuquillo

Esta es una preparación muy importante, pues puede decirse que es el ritual que tiene a mi juicio, más importancia de todo el proceso de asentamiento de osha y nace en el odu de Ifá *Ojuani Alakentu*, porque esta mezcla de hierbas y otros elementos que contiene células, es ni más ni menos la encargada de transmitir al cerebro, toda la energía y nutrientes que poseen sus distintos componentes. Lo primero a tener en cuenta es, cómo se recolecta estas hierbas. Es de conocimiento exclusivo de la madrina y ese conocimiento lo adquiere por la trasmisión oral descendente dentro de cada rama o linaje religioso, y sólo se aprende cuando se ha llegado a la madurez en la escala religiosa, en el momento en que él ó ella realizarán su primera consagración a algún ahijado. Aunque la recolección y tratamiento de las hierbas para la realización de distintos rituales y ceremoniales en general es objeto de un estudio más detallado, solo describiremos aquí brevemente, lo relacionado con la recolección de las hierbas para el *machuquillo*.

El día del asentamiento la madrina va al monte bien temprano y recolecta las hierbas que será utilizada en el *machuquillo*, aclaro que no son las hierbas habituales para el asentamiento de osha, ya que estas generalmente las recolecta una persona muy conocedora de las mismas, a los que usualmente se les denomina con el nombre de "Yerberos". Se trata de ciertas hierbas del Irumole que se va a consagrar, y que la madrina recoge y mantiene lo más fresca posible para que no pierda su contenido energético y no se mueran. Esto lo deberá realizar en la mañana temprano, nunca después de las 6 de la tarde. Debemos tener en cuenta que las hierbas están en condiciones para entregar su sabia en ciertas horas de la mañana, comprendida entre las 6 a.m. y las 11 a.m. del día, después de ese horario ellas entran en un estado o ciclo de interacción con la naturaleza y el medio donde ellas se desarrollan (fotosíntesis, etc.), y eso no las hacen óptimas para su utilización en asuntos litúrgicos-religiosos, pues se reduce ligeramente el contenido de CO_2 que ellas poseen ya que, en esas horas del medio día en adelante, en que la luz del sol es más incidente sobre ellas, se encuentran liberando oxigeno a la atmósfera (O_2) y con eso se reduce también su contenido energético que como veremos más adelante, deberán entregar al torrente sanguinio de la piel.

La madrina entra en el monte localiza las hierbas que ella ya conoce, y las arranca no sin antes decir el rezo conveniente y darle cuenta a la hierba y al monte, para qué y donde serán utilizadas (importante ritual que se ha perdido). Tengamos en cuenta que estas hierba son seres naturales vivientes que sienten y padecen, que tienen vida y que mueren inmediatamente después de ser indiscriminadamente arrancadas sin tener en cuenta, los rituales adecuados para su extracción del seno de la madre tierra que les dio la vida, y que por tal motivo merecen respeto, debe dárseles además cuenta, antes de arrancarlas, de la importancia de la transmisión de vida y de energía que ellas van a realizar para el fortalecimiento y salud de otro ser, en este caso un ser humano, tal y como se hace en los casos de sacrificios de animales a Irumole, o en obra que se realizan para la salud de una determinada persona, etc. Después de cumplimentados estos requisitos la madrina las arranca cuidadosamente tomando las precauciones para no dañar al resto de la planta, sólo tomando la necesaria y paga el correspondiente diezmo (derecho en monedas) al monte, por el daño que acaba de causar a una vida de la naturaleza. Generalmente para ello se utilizan tres monedas, en la antigüedad por ejemplo en cuba, se utilizaban para estas ceremonias tres kilos prietos (tres centavos de cobre), maíz, pescado ahumado y jutía bien triturada para resarcir y alimentar de alguna manera a la madre tierra y a los espíritus que viven en el monte (lamentablemente estas es una de las ceremonias que se han perdido con el transcurso del tiempo y ya casi nadie las conoce).

Una vez en la casa la madrina o la oyugbona que es, en la que ella delega generalmente, coloca estas yerbas en agua para conservar su frescura hasta el momento de su utilización.

Llegado ese momento, la oyubona se sienta dentro del trono ya listo y tapado con una sábana blanca y ahí realiza el machuquillo con los elementos utilizados para ese menester, diciendo los rezos y entonando los cantos adecuados para este ritual.

Más adelante describiremos la importancia de los ashe que acompañan al machuquillo estos son: Ero, Obi Motiwao, Kolá, Obí Edun, Airá, Anun, Ataaré y Osun naburú que, a diferencia de este último, los anteriores se utilizan verdes tomados de los árboles, frescos para que cuando se trituren juntos con las hierbas, puedan aportar sus nutrientes y además, conseguir una buena mezcla vegetal. Lo que sucede es que desafortunadamente, de estos árboles no se disponen en la flora americana, sólo se encuentran hasta donde conocemos, en el continente africano. Es por eso que nosotros aquí en américa tenemos que importarlos y utilizarlos secos y duros, entonces triturarlos. En muchas casas religiosas, se trituran junto con la mezcla coco rallado, pescado y jutia ahumada, maíz tostado, cacao, corojo, miel de abeja, agua bendita, etc. Pero yo recomiendo utilizar para machacar sólo las antes dichas, esto es, las yerbas y los asheses, adicionarle a esa masa pastosa sólo aguardiente como elemento coadyuvante para una buena penetración en la piel. Después de situado en la cabeza de la persona entonces adicionarle todo lo demás, esto es, para que esta pasta esté en contacto directo con la piel y para que pueda suministrar fácilmente su contenido energético y nutritivo a las células situadas en el interior de la Dermis. Incluso, algunos Oba de la antigüedad acostumbraban a practicar pequeñas insisiones en la piel de la cabeza en la zona donde se depositarán estos aseses después del afeitado.

Así como las bacterias tienen la posibilidad de atravesar la piel contaminando y enfermando el organismo de una persona, de esa misma forma, las células y los átomos de los elementos que contiene la mezcla también pueden penetrar a través de la piel para curar, fortalecer y realizar una benigna labor de entregar sus nutrientes.

Nota: En el candomblé brasileño se le adiciona además barro a la mezcla para que se endurezca, con el propósito de dar, además, la forma muy simular la corona de la gallina de Guinea.

El porqué y la importancia de colocan estos asheses en la cabeza de la persona.

Se colocan estos asheses para que la confirmación de los poderes vegetales de dichos asheses, realcen las fuerzas físicas y psíquicas latentes en la cabeza del ser humano, de esta forma, ésta evolucionará en la vida con fuerza y psiquis. Sin ashé no hay santo.

ERO.

Significa la obediencia, cumplimiento y salvación, despierta el sentimiento de humildad, de obediencia que lleva el cumplimiento de los preceptos con Olodumare, los Orishas y los semejantes, los cuales nos darán la salvación.

OBI MOTIWAO.

Significa la evolución del tipo que lleva orogbo en nuestra larga existencia, despierta nuestras fuerzas vitales que animan a nuestros cuerpos físicos y lo predisponen a una larga vida.

OSUN.

Significa la estabilidad de la persona por que se reafirma a mantenerse en la tierra, despierta los atributos que fluyen a través de la columna vertebral hasta el sacro, o sea el fluido nervioso del sistema nervioso simpático y para simpático que establece emocionalmente al individuo.

OBI.

Significa la sabiduría poca o mucha y larga o corta vida que denota nuestro nacimiento al consagrarnos, reanima las fuerzas ancestrales de la asimilación y enriquecimiento del alma a través de su expresión física, o sea la glándula pineal en la base del cráneo.

KOLA.

Significa la firmeza en la vida del iniciado, la fuerza radiante de la voluntad, agrupa y dirige toda la fuerza de la cabeza tanto conciente como sub-conciente para poder vencer las pruebas y dificultades en la vida del iniciado.

OBI EDUN.
Significa la conciencia del ser humano y activa la entidad del ser humano en su cerebro, principalmente la memoria y la vista.

AIRA.
Significa la limpieza del espíritu, se le pone a Yemayá para reavivar la limpieza y purificación de los oni Yemayá.

ANUN.
Significa la fuerza que une a todas las fuerzas del hombre reaviva la unión física de todos los poderes psíquicos del hombre y elimina todo lo malo.

ATARE.
Significa la fuerza compensadora del bien y del mal en la vida del iniciado, despierta la conciencia del bien y del mal y el poder que otorga Olofin para hacer ambos al iniciado.

Seguidamente daremos una breve información científica relacionada con las funciones celulares de las plantas, para tener una mejor comprensión de las propiedades de las mismas y cómo estas ceden sus componentes nutritivos. Tomado de Wikipedia, la enciclopedia libre en internet.

Las células en las Plantas

La **pared celular** *es una capa rígida que se localiza en el exterior de la membrana plasmática en las células de bacterias, hongos, algas y plantas. La pared celular protege los contenidos de la célula, da rigidez a la estructura celular, media en todas las relaciones de la*

93

célula con el entorno y actúa como compartimiento celular. Además, en el caso de hongos y plantas, define la estructura y otorga soporte a los tejidos.

La pared celular se construye de diversos materiales dependiendo de la clase de organismo. En las plantas, la pared celular se compone sobre todo de un polímero de carbohidrato denominado celulosa, un polisacárido, y puede actuar también como almacén de carbohidratos para la célula.

Estructura

La pared celular vegetal tiene tres partes fundamentales:

Pared primaria. Está presente en todas las células vegetales, usualmente mide entre 100 y 200 nm de espesor y es producto de la acumulación de 3 o 4 capas sucesivas de microfibrillas de celulosa compuesta entre un 9 y un 25% de celulosa. La pared primaria se crea en las células una vez que está terminando su división, generándose el fragmoplasto, una pared celular que dividirá a las dos células hijas. La pared primaria está adaptada al crecimiento celular, las microfibrillas se deslizan entre ellas produciéndose una separación longitudinal mientras el protoplasto hace presión sobre ellas.

Pared secundaria. Cuando existe, es la capa más adyacente a la membrana plasmática, se forma en algunas células una vez que se ha detenido el crecimiento celular y se relaciona con la especialización de cada tipo celular. A diferencia de la pared primaria, contiene una alta proporción de celulosa, lignina y/o suberina.

Lámina media. Es el lugar que separa la pared primaria de la secundaria de la célula vegetal en crecimiento, luego de haber pasado por la etapa de citocinesis.

Composición

La composición de la pared celular vegetal varía en los diferentes tipos celulares y en los diferentes grupos taxonómicos. En términos generales la pared celular vegetal está compuesta por una red de carbohidratos y proteínas estructurales embebidos en una matriz gelatinosa compuesta por otros carbohidratos y proteínas.

Proteínas

La pared celular vegetal también está compuesta por **proteínas estructurales**. Estas proteínas son ricas en uno o dos aminoácidos, tienen dominios con secuencias repetidas y están glicosiladas en mayor o menor grado. Para la mayoría de las proteínas estructurales de la pared vegetal, se ha propuesto que tienen estructura fibrilar y que se inmovilizan mediante enlace covalente entre ellas o con carbohidratos. Se sabe que estas proteínas se acumulan en la pared en diferentes etapas del desarrollo y en respuesta a diferentes condiciones de estrés.
Se consideran proteínas estructurales de la pared celular vegetal: extensinas o proteínas ricas en hidroxiprolina (HRGPs), proteínas ricas en prolina (PRPs), proteínas ricas en glicina (GRPs) y arabinogalactanas (AGPs).

Incluidas en la red de polisacáridos y proteínas, se encuentran diversas proteínas solubles, algunas de ellas son enzimas relacionadas con la producción de nutrientes como la glucosidasa, enzimas relacionadas con el metabolismo de la pared como las xiloglucano-transferasas, peroxidasas y lacasas, proteínas relacionadas con la defensa, proteínas de transporte, entre otras.   Fin de la cita.

Preparacion y consagración de las Pinturas.

Como ya hemos dicho anteriormente, las pinturas utilizadas para pintar el osun que representa el Irunmole en cuestión, deben ser y son de hecho, un elemento natural esencial, y nunca sintéticas u obtenidas por procesos químicos-sintéticos, porque la espiritualidad de los Irunmole están desde su creación en la naturaleza misma de nuestro planeta, ya que fueron éstas según expresa la mitología Yoruba, las que bajaron del cielo por orden expreso de Olodumare para crear, desarrollar y poblar la naturaleza del planeta tierra y hacerlo habitable, según lo expresa claramente el odu de ifa, Osa Gun-un leja, cuando Olodumare le obsequió el recién creado planeta a la Deidad **Aye** para que ahí se instalara y viviera, pero ella al verse sola, en un lugar deshabitado y sin posibilidades de ningún tipo, recurrió nuevamente al Dios supremo en busca de ayuda y éste envió a diferentes Irunmole con la misión de forestar y poblar el planeta para hacerlo vivible. Por lo que este abnegado sacrificio en el empeño de esta ardua labor, está implícito en cada una de las simientes del desarrollo mismo de la vida en dicho planeta, en sus tres elementos esenciales tierra, agua y aire.

Es por eso que las combinaciones de ciertos colores de la naturaleza en cierta forma geométrica, pueden representar a los Irunmile, y con sólo pintar cada combinación de estos colores, se estaría solicitando y convocando la presencia de dichas espiritualidades. Lo que se ha denominado en llamar como *Isàlàaye,* o sea, algo así como: "*glorificar la casa de*

Aye". Es de ahí el nombre religioso al planeta de *"Ile Ayé"*.

En la historia *"El testimonio de las consagraciones"* del odu de Ifá Ofun Ojuani dice lo siguiente:........ *<<Entonces cada uno de los Òrìṣàs acordó cubrir su alá característico, empleando el orden que Òrùnmìlà les había dado para ponerlo en la lerí(cabeza) de la persona que se consagra, siempre dejando para último el color qué lo simbolizaba como hijo de ese Òrìṣà, y para que le cubra la cabeza. Y cuando hacían las consagraciones, en estos paños quedaba la firma que era el testimonio de cada uno de los Òrìṣàs en la tierra.*

Así volvió la felicidad a la tierra Oba ate inle, que era tierra de Òrìṣà.>> Fin de la cita.

COLORES DE CADA ÒRÌṢÀ

Elégbà	Rojo	Pupa
Òǵun	Rojo	Pupa
Òṣósii	Azul	Aro lodo
Òbàtála	Blanco	Funfun
Oya	Rojo	Pupa
Òṣùn	Amarillo	Aperi
Yémojá	Azul	Aro lodo
Ṣàngó	Rojo	Pupa
Aganjú	Rojo	Pupa
Yèwá	Rosado	
Ṣakuana	Negro	Dudu

97

Recolectar entonces estas tinturas de los árboles y plantas sería hacerle justo honor o tributo a los Irunmole. Por ejemplo: el color rojo se obtiene del Osún de un árbol cuya madera produce una tinta color rojo intenso, el azul se obtiene de varios arbustos cuyos tallos o frutos tiñen intensamente de color azul, como por ejemplo es el caso de la planta del añil, etc.; el color blanco se obtiene a partir de la cascarilla(efun), se hace con la cáscara de los huevos blancos seca y pulverizada, preferiblemente de las que halla nacido pollitos, pues este material estaría directamente involucrado en la creación y el nacimiento de una vida. Este polvo resultante no es más que el conocido carbonato de calcio[1]. Así sucesivamente otros colores son extraídos de corteza de árboles muy específicos. Estas tintas por ser extraídas de la naturaleza, también contienen ciertos contenidos nutrientes excepto, las plantas que son de origen venenoso y amargo que no deben usarse nunca para estos menesteres.

[1] El Carbonato de Calcio $CaCO_3$ es un componente químico. Es una sustancia muy abundante en la naturaleza, formando rocas, como componente principal, en todas partes del mundo y es el principal componente de conchas y esqueletos de muchos organismos (p.ej. moluscos, corales) o de las cáscaras de huevos. Es la causa principal del agua dura. En medicina se utiliza habitualmente como suplemento de calcio, como antiácido y agente absorbente. Es fundamental en la producción de vidrios y cemento, entre otros productos. Es el componente principal de los siguientes minerales y rocas: Calcita, Aragonita, Caliza, Travertino y Mármol.

Propiedades Químicas: el **Carbonato cálcico** *que reacciona con agua que está saturada con dióxido de carbono forma* **bicarbonato cálcico:**

$$CaCO_3 + CO_2 + HO_2 --- Ca (HCO_3)_2$$

Presencia en los organismos vivos: En las cáscaras de los huevos de reptiles y aves. Entre otras. Fin de la cita (extraído de: es.wikipedia.org/wiki/carbonato de calcio).

Y como el agua que contiene las hierbas del machuquillo está saturada de CO_2, porque como planta al fin, en su estado natural tiene que realizar necesariamente la fotosíntesis que libera Oxigeno a la atmósfera del planeta, es pues entonces obvia la reacción química que esta agua debe formar con la cascarilla, para producir bicarbonato de calcio en esa zona de contacto con la piel de la cabeza de la persona, lo cual debe contribuir también en el proceso de alimentación celular de la dermis.

Como nota informativa: Existe una obra yoruba para el fortalecimiento de la memoria, entre otras, que se prepara pulverizando cauries (caracoles), el cual se mezcla con quimbombó seco y se toma en las mañanas, haciendo determinados rezos a intervalos entre sorbos. De lo que se infiere que ya desde tiempos inmemoriales nuestros antepasados africanos, utilizaban el carbonato cálcico para el fortalecimiento de las neuronas.

Ya un poco a modo de comparación es conveniente destacar, que a diferencia de nuestra práctica religiosa, en que mostramos, una vía de cómo los rituales pueden ser utilizados para realizar cambios en las estructuras interna de la conciencia del individuo, tratando de provocar la reorganización en los sistemas conductuales del cerebro, para lograr minimizar lo más posible, los malos hábitos y costumbres en las personas teniendo en cuenta además, que estos procesos suelen ser verdaderamente complejos y muy difíciles a veces de definir, pues se sitúan en el campo de lo no Cognoscitivo, ni tampoco poder tener plena conciencia del desarrollo de los mismos. En otras religiones tratan de lograrlo por la aplicación de rígidas normas conductuales conseguidas con el tiempo tras largos períodos de entrenamientos, charlas y eucaristías eclesiásticas.

Por supuesto, como estas acciones litúrgicas de nuestra ancestral práctica religiosa se desconocen, pues no son para el dominio público. Muchas personas por este mismo desconocimiento u otras razones en las que pudieran albergarse también sentimientos mal intencionados, han denominado estos rituales como de: magia negra unos, brujerías otros y muchos otros como de prácticas diabólicas o satánicas, obscurantistas, etc. Ello demuestra una total ignorancia de la cultura, hábitos y costumbre de las pasadas civilizaciones de origen africano. Las guerras y la sedienta colonización de la civilización europea de aquellos tiempos, completaron la obra de desaparición dando paso a una paulatina y nueva "evangelización" de ese continente.

No sólo un animal, que también es un ser, es capaz de sacrificar su vida por trasmitir sus nutrientes, servir al hombre de alimento y sustento de la vida, sino también, para trasmitir su energía espiritual a través de su sangre en sacrificio para elevar e informar a las deidades de sus dificultades, anomalías y añoranzas. Es por ello la importancia de rescatar la práctica que se ha venido perdiendo con el tiempo, de hablarles a los animales el mensaje que el hombre quiere transmitir a sus dioses. Lamentablemente la ignorancia religiosa, el hastío y la falta de ética en muchos mal llamados religiosos, conlleva a que se sacrifiquen miles de animales cuyos espíritus no trasmiten nada, son sacrificados en vano. En muchas de estas prácticas litúrgicas sólo se observa ciertas maniobras rituales de presentación a la persona de estos animales, pero casi nunca escuchamos a ésta, transmitir al animal a través del habla sus peticiones y muchas veces en ese acto, el individuo hasta llega a asumir que la deidad en cuestión, debe conocer lo que él está solicitando. Nada más lejos de eso, aunque los animales no disponen de un cerebro racional desarrollado como el de los humanos, si disponen de una masa encefálica que les permite captar vibraciones que luego convierten en reflejos los cuales codifican internamente.

Con el tiempo y el desarrollo de la tecnología, han surgido industrias procesadoras de tinturas naturales cuyos productos se encuentran frecuentemente en el mercado; estos pueden ser utilizados en estas ceremonias, pero no sin antes ser previamente preparados y debidamente consagradas por los Babalawos (Sacerdotes de ifá), que por razones obvias son en definitivas los encargaos de realizarlas.

101

En este punto quiero aclarar algo que en ocasiones algunas personas no toman en cuenta, tal vez por desconocimiento u otras razones, y es el por qué, son los Babalawos los que tienen la importantísima responsabilidad de preparar y consagrar estos materiales litúrgicos.

<<Pues si es Ifá el encargado de establecer previamente las condiciones en que cada ser humano va a llegar al Yoko Osha, si entonces es Ifá quien determina los sacrificios y materiales a utilizar en el Ebo(rogación) para que la persona pueda llegar lo más completa y depurada posible a dicho ceremonial, y si además hay que escribir y llamar en el tablero de Ifá a las espiritualidades que son las responsables de cada uno de esos actos y darles cuenta, para solicitar su magnánima bendición y su autorización para realizar tales ceremonias, por tanto, y por razones obvias, son entonces los Babalawos los responsables ante Ifá, Orunmila, Olódumare(Dios) y el mismo Osha que se va a consagrar en esa liturgia de tales realizaciones>>.

En las casas religiosas donde no se observen estas normas, en algunos casos, siguiendo una tradición o costumbre impregnadas de malos hábitos adquiridos de ciertas capas de la sociedad cubana desde principio de siglo XX, estarían entonces desconociendo las leyes y reglas divinas dictadas por Olodumare, y si aun así no se entendiera, entonces cabría preguntarles en nombre de quién y de qué, se solicita tales permisos y si la persona que lo realiza, está debidamente preparada además para acometerlo. Todos los sacerdotes conocen evidentemente que todas y cada una de las ceremonias que allí se realizan, tiene su teología y su fundamento en la literatura sagrada de Ifá, como único manual divino por el cual, se rige toda la sociedad Yoruba y sus descendientes en cualquier parte del mundo donde se encuentre y en cualquier época pasada presente y futura, pues se trata, de una tradición religiosa y no de un voluntarismo caprichoso individualista, porque en mi casa se realiza así, o se realiza asado. Cada paso que ahí se da, está debidamente explicado y justificado en un odu de ifá específico que lo contiene y el conjunto de estos odu son en definitivas, la palabra sagrada de nuestro (Dios) Olodumare por encima de todos los Oshas y Orishas desde el génesis de los tiempos. La filosofía de Ifá, por lo tanto, representa el más grande libro sagrado nunca antes escrito, manantial permanente de sabiduría y conocimientos del cual los grandes profetas africanos del pasado se han nutrido y de las que las generaciones presentes y futuras beberán. Su gran mensaje deberá ser propagado a través de todos los tiempos y hasta el fin de los mismos, y será de conocimiento pleno de toda la humanidad en sus respectivos ambientes.

Además de los Odu que se escribe normalmente en el tablero para realizar el Ebo de entrada, debe incluirse también los siguientes Odu de Ifá responsables y rectores de esa ceremonia:

Irosun Irete: nace y rige el registro y baño lustral en la ceremonia del Yoko Osha(asentamiento).

Otura Obara: nace y rige el toque de la puerta del cuarto.

Irete meji: nace y rige el pelado y el afeitado de la cabeza.

103

Owonrin Otura: nace la coronaciónde en la cabeza con el shé (machuquillo)

Obara Osa: nace la corona del Irunmole.

Irete Suka: nace la consagración del Osha.

Ofun Leni: nace poner los paños en la cabeza para la llamar a los Irunmole.

Ahora puede verse más claro la relación esotérica que existe, entre el tablero que representa el sistema universal espacial por donde transitaron estas espiritualidades y en el que se encuentra situado nuestro planeta tierra, el osun del Irunmile en cuestión que se pinta en el centro de él que significa su aterrizaje y presencia en el planeta, y las espiritualidades de los demás Odu de Ifá, que se escriben y se rezan en el tablero en el momento del ebo de entrada.

Para preparar las pinturas del osun que se va utilizar, se tiene cuatro cazuelitas pequeñas de barro (en la antiguadad se hacía en pequeñas jícaras), en cada una de ellas se vierte la tinta de cada color: la roja (osun), la azul, la amarilla y en la otra cascarilla pulverizada(efun) y ahí se les adiciona suficiente otin hasta lograr un licuado lo suficientemente denso y se adiciona también, a cada una los demás materiales que lleva, diciendo los correspondientes rezos y cantos o encantamientos que los babalawo sólo conocen. Seguidamente se les realiza el sacrificio de una paloma y de esta forma quedarán listas para su utilización. Todo esto debe hacerse antes del momento del ebo de entrada.

Formas de preparar las okuta de santo

Se prepara un omiero de (hierba fosforito), se echan las piedras y se les dan un pollo y una paloma, se tienen ahí tres días al cabo de los cuales se sacan para ser preguntadas. (Con ese omiero se limpiará la casa)

Las piedras de un santo, deberán ser preguntadas por un Babalawo, padrino de la persona que va asentar el santo, utilizando para ello un okpuele y **no el coco**, la primer pregunta es si la okuta es orisha, la segunda a que orisha pertenece, y la tercera y más importante, es si come con la cabeza de la persona que va hacer el santo.

Estas okuta según sea el santo, se le echan elementos típicos del mismo y se envuelven en telas de su color hasta el día de su consagración y asentamiento.

Obatalá: Se le echará efun, ori, oñi y se envuelve en una tela color blanca.

Yemayá: Se le echará melao de caña, se envuelve en una tela de color azul.

Oshún: Se le echará miel, y se envuelve en una tela de color amarilla

Oyá: Se le echará manteca de corojo, y se envuelve en una tela de variados colores (9).

Shangó: Se le echará manteca de corojo, y se envuelve en una tela de color roja.

Aggayú: Se le echará manteca de corojo y vino seco, y se envuelve en tala de color rojo Prusia.

105

Oba: Se le echará manteca de cacao, corojo, miel su tela es de color gris

Yewá: Se le echará manteca de cacao, de corojo, miel y cascarilla, se envuelve en tela negra.

Elegwá: Se le echará jutia y pescado ahumado, maíz tostado, manteca de corojo y miel.

Ya las piedras envueltas en sus telas, son situadas delante de los santos de la madrina.

Cómo se selecciona la Oyugbona:

La madrina le dará obi y omi tutu (agua fresca y coco) a su ángel de la guarda para definir quien será la Oyugbona kan del santo a realizar, de ser afirmativo se lo comunicará, e irá con dos cocos y dos velas, a casa de la Oyugbona y se lo pondrá encima de su ángel de la guarda, para comunicarle de sus actividades, y ultimará detalles al respecto.

Día del Río.

Se confeccionará un trono dentro del cuarto de santo de la propia casa. Este irá bellamente engalanado con telas blancas y adornos con telas de seda y de brillo plateado.

Siete días antes de la ceremonia se lleva a la persona a casa de su padrino Babalawo acompañado de su padrino y de la ayugbona, para realizar la consulta con Ifa, éste es, el registro de entrada, de manera de conocer de antemano como Orunmila ve la llegada de la persona a la ceremonia de asentamiento (Yoko Osha), cuales son sus consejos y recomendaciones, sacar la letra y los ingredientes que irán al ebo de entrada.

Se lleva al Iyawó nuevamente a casa del padrino Babalawo acompañado de su ayugbona, para que le realice el ebo de entrada antes de marchar a hacer las ceremonias del río en el monte. Cuando la Oyugbona kan, lleva al futuro Iyawó a casa de su padrino al entrar, lo hará con el agogó de Obatalá en sus manos e irá cantando:

Agonileo agola, agonileo agola osha

Aquí el Babalawo deberá tener preparado y listo, el tablero de Ifa con el Osun del santo debidamente pintado y las cuatro cazuelitas que contienen las pinturas que se usarán en el asentamiento, listas para efectuar el juramento o consagración de las mismas (estos procedimientos son de sólo conocimiento de los Babalawo) También los demás ingredientes que irán al ebo.

Ingredientes del ebo entrada al yoko osha:

Akuko, adie, eyele meji, ikokó keké de pintura del osha, cuatro pinceles, eran malú, eñi adie, eya tutu keké, eko, ewe ikoko, tres kilos (Monedas de a centavos), insho de leri iniciado, tierra del ile del santo y lo demás que recomiende Orunmila.

Ceremonia del río:

Para esta ceremonia el Iyawó llevará el ebó, el cual deberá ser enterrado en las márgenes del río, junto a los demás ingredientes de la ceremonia. Aquí estarán presentes la

Oyugbona, el padrino Babalawo y las demás santeras y santeros que intervendrán en la misma.

Ahí se lleva una tinaja de barro, Jabón de coco u otro no perfumado, un peine blanco, un estropajo hecho de soga o del natural, miel de abeja, una muda de ropa usada, cuatro pedazos de coco y Ochinchín para Oshún. Se le da coco a Oshún para darle cuenta de lo que se va a realizar allí, ya que fue ella la que salvó al mundo cuando el diluvio universal, llegando hasta Olodumare a través de la Ibú Colé. Lo que por respeto le da el derecho de conocer de todo lo que se va a realizar en ese ámbito.

Después de realizada toda la ceceremonia que allí debe efectuarse, se arroja al río el ochinchín, la miel de abeja y el derecho correspondiente, el Iyawo y la comitiva deben regresar a la casa con su tinaja, cargando el secreto que debe recoger en el río y envuelta en una tela roja.

Ya en la casa se realiza la ceremonia de entrada del Iyawó a la casa hasta la puerta del Ibodun, donde estará esperando el padrino quien lo recibe y efectúa los rituales correspondientes.

Terminado todo este ritual, se conduce al Iyawo a un lugar de la casa donde esté tranquilo en silencio y allí se sienta a meditar, orar y pedir que todo le salga bien y que los oshas le proporcionen todo género de salud y prosperidad.

A partir de ese momento estará en absoluto recogimiento, comerá y dormirá en estera por los próximos siete días y para realizar sus necesidades estará siempre auxiliado por su ayugbona o un mayor, ya que ellos serán los encargados de su atención por los siete días restantes de ceremonias.

Esa noche ya deben estar lista las 21 hierbas de Ozain dentro del cuarto de santo, que se disponen en una palangana(ponchera) grande donde se colocarán en agua fresca, para que el aroma de las hierbas fresca dentro del cuarto, atraiga a la espiritualidad de Ozain y ésta, esté presente en todo momento. Así mismo se deberá preparar la mesa del cuarto de santo que se cubre con tela blanca y sobre la cual se disponen todos los elementos necesarios para esa activad, se tienen listas también las esteras, cazuelas, asientos(banquillos), jícaras y demás utensilios que serán utilizados al día siguiente.

Las principales 21 hierbas que deberán estar presentes son:

Eweriyeye (Pionía)	Guayaba	Algarrobo
Peregun	Aguacate	Granada
Ewe Dúd(prodigiosa)	Almendra	Higuereta
Atiponlá	Ceiba	Maravilla
Hierba fina	Álamo	Frescura
Verdolaga	Pata de Gallina	Ciruela
Muralla	Mastuerzo	Almácigo y otras

Después de realizado el machuquillo por la Oyubona kan, ésta procederá a rogarle la cabeza al Iyawó, el cual dormirá junto a esa rogación con las dos velas prendidas.

Día del asentamiento (oko Osha)

En la mañana siguiente, se prepara Eegún (el muerto) en un rinconcito del patio cerca del vertedero de agua de la casa, o entre las raíces de un árbol que se tenga en el patio, preferentemente si este árbol es de Ceiba. Debe estar bellamente engalanado con flores velas, vaso de agua, cocos, la teja de Eegun (si se tiene), café, tabaco, miel de abeja, aguardiente, etc. Primeramente, se le da coco a Eegun dándole cuenta de lo que se va a realizar y ofrendándole el correspondiente sacrificio de animales que se ha estipulado previamente para esa ceremonia.

Se procederá seguidamente a preparar el Ozain, éste deberá prepararse en cazuela de barro, **nunca en recipientes plásticos ni de cristal,** ya que Ozain representa a la naturaleza viva y debe nacer en contacto directo con ella, y el barro es arcilla moldeada y las jícaras (totumas) son recipientes construidas del fruto que da el árbol de güira.

En el proceso del lavatorio si es posible utilizar recipientes de origen no natural (plásticos, cristal u otros), ya que en definitivas quien purifica es la espiritualidad de Ozain, y éste fue invocado y consagrado antes en su medio natural. Obsérvese que en este proceso se le da a probar al Iyawó en una jícara (totuma) un poquito de todos los omiero mezclados y esto es, porque Ozain a través del omiero tiene la facultad de quitar todo efecto de brujería que tenga la persona, cura todas las enfermedades y es de todos conocido, además la tremenda influencia que tienen las hierbas en la confección de medicamentos. Se dice que Ozain es el médico (al igual que Inle) de nuestro panteón santoral. Puede decirse que a partir de este momento comienza el proceso de nacimiento de los santos del Iyawó.

Seguidamente se procede a buscar al Iyawó en el sitio donde ha permanecido en meditación desde el día anterior, para su entrada en el cuarto de santo, esta ceremonia se llama prendición (apresamiento), y se hace en una procesión de santeros y santeras que lo acompañan en esta ceremonia hasta la puerta del cuarto. Y ahí comienzan las ceremonias para el proceso de asentamiento (Yoko Osha)

Las ceremonias del Ibodun son secretas, complejas y de larga duración.
Después de terminadas, se pasa al siguiente paso que son las ceremonias donde se les realizan ofrendas en sacrifico a los osha. Esta ceremonia la realiza el padrino Babalawo con el auxilio de las santeras y santeros, quien ha venido participando desde el comienzo en todas las ceremonias de su competencia.

Los Iworo (santeras y santeros) que han sido levantados (Invitados) a las ceremonias del Yoko Osha, se dedican a las labores de limpieza y preparación de los animales sacrificados, de los cuales se elaborarán los diferentes ashe(adimú) que se le pondrán finalmente a los santos. Ya se ha tratado la gran importancia que tienen estos ashe. *

Día del medio del Obatalá.

Es el segundo día, el Iyawó amanece en su trono en el cual ha permanecido desde el día del santo (día anterior) y estará ahí por los próximos siete días. Este resulta ser un día inolvidable para toda aquella persona que experimenta haber llegado a asentar santo, es el día en que se exhibe a todo el mundo incluyendo a familiares y amigos al naciente Iyawó, el cual exhibe sus engalanadas ropas llamados trajes del asiento (traje de gala), con los colores y atributos del santo que se trate. Este día se usarán dos trajes el llamado de almuerzo que se trata de una muda de ropa compuesta por un pantalón blanco y una camisa blanca bien diseñada con adornos de serpentina, y la ropa de gala anteriormente dicho, que constará de pantalón blanco, camisa de alguna

111

tela blanca adornada en plateado, con puño y cuello adornados con caracoles, una faja larga y ancha para la cintura que colgará al lado derecho del pantalón hasta los tobillos.

Tengo el criterio muy personal de que, si existe la posibilidad de presentar al Iyawo ese día al tambor, no desaprovechar tal ocasión. A las seis de la tarde deberá terminar el tambor, tiempo a partir del cual el Iyawó se cambiará de ropas y se dispondrá a descansar.

Es importante que este día el Iyawó pruebe de todas las carnes que se le han sacrificado a los santos, pues entre otras razones no menos importantes, es posible que algunas de ellas no las pueda volver a comer. Este día se prohíbe la ingestión de bebidas alcohólicas de ningún tipo.

(*) Se trata el tema ampliamente en el libro "Comidas y Adimú para los Santos" de Marcelo Madan

Día del Itan

Ya desde la noche anterior el padrino y la oyugbona han debido hacer los preparativos necesarios para las ceremonias de itan. En la mañana temprano se prepara al Iyawó, desayuna y comienzan las actividades. Después de terminada la primera parte denominada "Ñangareo" * donde se le da cuenta a Olorun (Olodumare) de lo que se va hacer, se comienza con la actividad del itan. Se dispone de una estera situada convenientemente en el piso, forrada con una sábana blanca nueva donde se sitúan los platos que contiene los dilogunes a través de los cuales se

comunicarán con los osha, para conocer los odu o letras y con
ellos, los sabios consejos que estos les trasmitan al Iyawó. Estos apuntes y todas las incidencias del itan, se llevan en la misma libreta(cuaderno) que se ha venido utilizando desde el comienzo del Yoko Osha, la llevará ordenadamente un santero asistente que ha sido convenientemente escogido con antelación para estos efectos.

Al terminar el itan el Iyawó saluda a sus mayores y a todos los santeros presentes quienes le desearán todo género de felicidad. Concluidas todas estas actividades, se coloca nuevamente debajo de su trono, y estará allí en meditación y recogimiento.

Día de la plaza (mercado) y la Iglesia.

Cumplidos los siete días reglamentarios, se dispone a llevar al Iyawó a la plaza y a la iglesia, deberá ponerse la mejor ropa blanca que haya seleccionado para ese día, allí se hacen los rituales de costumbre y se le da cuenta a Oyá que es la dueña de la plaza y a las deidades que allí viven del nacimiento y llegada a ese lugar de un nuevo Iyawó dándole cuenta de lo que se va hacer y porqué. Estará acompañado de su Oyugbona y de algunos santeros que hayan sido seleccionados para esa actividad, allí compra los adimú ingredientes necesarios para sus santos (generalmente frutas). Seguidamente se irá a la iglesia del santísimo (ilé Olofin) para pedir bendiciones.

Al regreso a la casa el padrino estará esperando para efectuar las últimas ceremonias del Yoko Osha, para esos momentos ya deberá estar desactivado el trono y todo lo referente con los ceremoniales. Ese día los presentes comerán de lo que se ha expuesto en la plaza a los osha.

Seguidamente se lleva al Iyawó después del almuerzo a casa de su Oyugbona para que salude al ángel de la guarda y se acompaña al Iyawó a su casa, donde se colocarán convenientemente bien resguardados a los santos en estera en el suelo, por espacio de los siguientes tres meses, al cabo de los cuales sus mayores les orientarán cuales deberán ser los siguientes pasos a seguir.

(*) Ñangareo ceremonia donde se le rinde tributos y se le da cuenta a Olorun (El sol) del Itan que se va a celebrar, se dice que esta ceremonia la implantó Shangó en tierra Imalé en el Odu Otura meyi.

Capítulo III

Historia y Patakines de Obatalá

Obatalá finge estar muerto

En esta historia Obatalá tiene dudas acerca de la sabiduría de sus hijos (Oluos, Babalochas e Iyaloshas). Estando preocupado por esto se le acerca Eleguá y le pregunta. Babá, ¿en qué piensas? Él le respondió: Hijo, tengo dudas de la sabiduría de mis hijos y los que me siguen y de su firmeza y convicciones de lo que yo les he enseñado. Eleguá le respondió: Babá, ¿Por qué usted no los pone a prueba? Usted debe fingirse muerto para ver la reacción de ellos, respondió Obatalá. Tienes razón hijo mío, así lo haré. Días después Obatalá se decidió a hacer lo que Eleguá le había aconsejado. Se fingió muerto y ordenó que se le tendiera en su casa para velarlo y así poder comprobar por sí mismo la sabiduría y la firmeza que tenían sus hijos y discípulos, sobre todo, lo que él le había predicado y enseñado hasta entonces, poniendo a Eleguá en la esquina para que se lo fuera diciendo a todo aquel que pasara por ahí. Eleguá así lo hizo, se paró en la esquina de Ilé de Obatalá fingiendo que lloraba y que estaba muy triste y según se iban acercando los hijos de Obatalá y sus discípulos, éstos le preguntaban por qué él lloraba y él les respondió, porque Babá ha muerto y lo están velando. Todos aceptaron lo dicho por Eleguá y se

115

apresuraron a ir a la casa de éste para participar del velorio, sin que ninguno se percatara de que era un acto fingido.

Más tarde se le acercó un aleyo a Eleguá y le preguntó el motivo de su tristeza y su llanto. Eleguá le respondió lo mismo que a los demás.

Pero el aleyo le respondió: imposible baba no puede haber muerto, no lo creo. Y se dirigió al lugar donde éste estaba tendido y acercándose al féretro y dirigiéndose a Obatalá en lengua le dijo: Babá usted no puede estar muerto ya que si usted muriera todo el mundo se acabase, así es que levántese y no finja más.

Obatalá se levantó y dijo maferefun al aleyo, que es el único que no ha creído en mi muerte y ha demostrado ser más firme en sus creencias que todos ustedes pese a ser mis hijos y haberlos enseñado. De ahora en lo adelante tendrán que rendirle Moforibale al Aleyo, que ha demostrado ser más sabio que ustedes. Desde entonces hay que tener en cuenta las palabras de los Aleyos que de corazón hacen por esta religión.

El Ebo de Obatalá

En esta historia Obatalá era madre de Shangó, estaba pasando muchos trabajos y decidió ir a pedirle consejos a Ifa, este le dijo que fuera a casa de su hijo Shangó, que era Rey pero que antes de marcharse se hiciera ebó con la espiga de millo de Okableba.

Le advirtió también que sufriría tres grandes contrariedades por el camino, más tendría que callar y seguir adelante. Al salir Obatalá, tropezó con Eshu disfrazado de carbonero

116

rogándole que le ayudara, el carbonero puso sus manos sobre la bata de Obatalá, que era blanca y se la tiznó. Ella iba a protestar, pero se acordó de las palabras de Ifa y continuó andando. Más adelante volvió a encontrarse a Eshu, esta vez disfrazada de vendedora con una canasta de frutas en la cabeza. Ayúdame le dijo: a bajar esta canasta, Obatalá fun fun wemé ayuda a la mujer, que suelta la canasta y la mancha toda de manteca de corojo. Obatalá tampoco dice nada, dominó su indignación, se limpió y siguió adelante, con la espiga de millo debajo del brazo. Después atravesó un monte (que estaba aurú), donde reinaba una sequía atroz. El caballo de Shangó hacía doce años que se había perdido y andaba internado en aquel monte. A causa de la sequía estaba hambriento y al ver la espiga que llevaba Obatalá fue tras ella para comérsela. Obatalá espantaba el caballo, pero este volvía y así andando llegaron a un lugar donde se hallaban los soldados de Shangó quienes reconocieron el caballo. Lo amarraron y prendieron a la mujer de la espiga, la condujeron ante la presencia de Shangó que estaba obakoso ite oba, sentado en su trono, pero éste al reconocer a su madre fue a su encuentro (dando vueltas de carnero hasta caer a sus pies). Hacía muchos años que no la veía y estaba loco de alegría. oluoyu iva eti kekere. Shangó le fabricó un ilé y desde aquel encuentro, su Collar que era rojo se matizó con las cuentas blancas de su Iyá.

Olofin envía a Obatalá a poner Paz en la tierra

Dice esta historia que Obatalá había sido enviado por Olofin para que pusiera paz en la tierra y confirmara los dominios de cada uno de los Santos que estaban en ella.

Ella en la Tierra se encontró con el rey Olokun que era muy severo al extremo que no perdonaba nada y castigaba severamente a todo aquel que desobedecía sus órdenes o cometía cualquier equivocación. Obatalá llamó a Olokun para que éste modificara su proceder, pero él no le hacía caso y continuaba imponiendo severos castigos, hasta que al fin Obatalá viendo que Olokun no se detenía lo encadenó en su palacio de las profundidades del mar. Por eso a este Santo hay que respetarlo mucho y no se puede jugar con él ya que castiga con mucha severidad y solamente rogándole a Obatalá se es posible alcanzar clemencia con él.

La Flor de Algodón

Oú Odede, (la flor del algodón), tiene el envidiable privilegio de ser capa y manto de Obatalá, de envolverle perennemente, de vivir pegado al Orishanla. Este honor provocó una envidia terrible de los Eiyé (los pájaros) los cuales se entrevistaron con el sol y la luna para calumniar al pobre algodón. A uno le pidieron que lo quemase con su fuego y a la otra que lo secase con su frialdad. Mas triunfó la inocencia del confundido Oú Odede, que a punto de perecer hizo ebbó y los pájaros quedaron ante Obatalá como intrigantes perversos y despreciables. Obatalá dispuso entonces que cuando éstos atacaran al algodón se hincaran los ojos con sus capullos que Babá Arubo le había dotado de las espinas pequeñas para su defensa.

Obatalá no come sal

Dice esta historia que Obatalá no come sal por culpa de Babalú Aye (San Lázaro), éste vivía en el monte y llegó a casa de Obatalá cuando todos habían comido, quedaba un plato de comida que era de Obatalá y éste se lo dio. Cuando

118

fue a cocinar para comer él, se le había acabado la sal, sin la cual se sirvió.

Cuando Obatalá era dueño de Obi

Cuando Obatalá era dueño del Obi reunió a los Santos para darles jerarquía a cada uno de ellos. Esta asamblea se hizo bajo un cocotero.

Obatalá puso a los pies de cada uno un coco partido. Por eso todos los Santos tienen derecho al coco, aunque no enteramente, pelado por tijera como por dentro (que es como se le ofrece a Obatalá). Alrededor del árbol se sentaron los Orishas para escuchar respetuosamente las instrucciones de Obatalá. El único que se mostró renuente y demostró inconformidad fue Babalú Aye, pero Obatalá le dominó y al fin tuvo que acatar la voluntad del jefe supremo. Desde entonces no es posible que se practique ni un solo rito sin la ofrenda concebida de un coco a los Ikus y a los Orishas.

Los tres esclavos de Obatalá

Obatalá ordenó a tres esclavos suyos llamados Aruma, Addima-Addima y Achama, que fueran a cortar guano (Mariwo), para hacerse una casa.

Addima-Addima, tuvo la preocupación de hacerse ebbó, antes de internarse en el monte, pero Orunmila le pidió, para verificarlo, el machete que llevaba, (que no era suyo, sino de Obatalá). Cuando se reunió con Anima y Achama y estos le vieron sin el machete se rieron de él, le dijeron que cortara el guano con los dientes y le dejaron solo.

Addima-Addima, dispuesto a no cortar las pencas con los dientes, pero si a arrancarías con las manos, entró en el monte, buscando las palmeras más bajas. Una Ceiba llamó enseguida su atención, allí había un bulto raro que colgaba atado al tronco. Addima-Addima, ayudandosé de un palo logró desprenderlo haciéndolo caer. Halló dentro una gran cantidad de plumas de Loro. El hallazgo era de una importancia incalculable. (Obatalá en secreto buscaba con gran afán plumas de Loro) estas escaseaban desde hacía mucho tiempo y nada podía tener tanto precio a los pies del Orisha, moderador y rey del género humano, como aquellas plumas que a la sazón necesitaba urgentemente.

Addima-Addima, sabía tejer, tejió inmediatamente de guano cestas y en ellas guardó las plumas codiciadas. No había acabado de amarrar aquel precioso cesto cuando vio cerca de la Ceiba, una Ayanaku (elefante) muerto, le arrancó los dos colmillos blancos magníficos y los ató con las plumas.

Achama y Aruma, llegaron mucho antes que Addima-Addima al Ilé de Obatalá y el Orishanla preguntó por Addima-Addima. Ellos le respondieron: No sabemos, él nos siguió y luego se fue y nos dijo que él le había entregado a Orunmila su machete. ¿Mi machete? ¿el machete que le di para que me sirviese? Tronó Obatalá y llamó a Ogún y le dijo: En cuanto llegue Addima-Addima, que ha perdido mi machete, córtale la cabeza y bébete la sangre de él. Ogún Unle Olé Ada Pkuta.
Ogún afiló su machete y se puso a esperar a Addima-Addima.

Cuando éste llegó, lo primero que hizo Obatalá fue que le dieron las plumas de Loro y los espléndidos enjijin (colmillos) que traía el muchacho muy ufano y Obatalá haciéndole un gesto a Ogún, (que iba a ponerse de pie para cumplir sus órdenes), le ordenó que esperara.

Addima-Addima, colocó ante Obatalá las plumas y los marfiles. Obatalá mandó a buscar un chivo y se lo entregó a Ogún y le dijo: Toma este chivo córtale la cabeza y bébete la sangre y marchate.

En su alegría Obatalá bendijo a Addima-Addima, que había visto lo que él necesitaba. Lo cubrió de riquezas y por Ifogué Igo (ciegos y estúpidos) castigó a Aruma y Acham.

Obatalá vence a Ikú, Aron, Eyó y Ofó

Cuentan que gobernando Obatalá en la tierra ocurrió que la muerte, Ikú, Aron la enfermedad, Eyó, la trajedia, Ofó, la verguenza y Eyé, la sangre, tuvieron mucha hambre porque nadie moría, ni se enfermaban, ni peleaban, ni se aborchonaban, resultando que el bien de uno era el mal de los otros.

Entonces Ikú, Aron, Ofó. Iña y Eyé decidieron para subsisitir atacar a los súbditos de Obatalá. Obatalá toda prudencia aconsejó a los suyos y les prohibió que se asomasen ni a las puertas ni a las ventanas, ni salieran a la calle por nada. Y para calmar a Ikú, Aron, Ofó y Eyé les pidió que tuvieran calma, pero el hambre que sufrían ellas ya era atroces y decidieron salir a las 12 día, con palos y latas, produciendo un gran estruendo por todo el pueblo. Y las gentes curiosas se asomaron sin pensar a las ventanas. Ikú aprovechó y cortó gran número de cabezas.

Luego a las 12 de la noche volvió a oírse un ruido ensordecedor los imprudentes salieron a las calles y otro se asomaron a las puertas y ventanas. Nuevamente Ikú cortó gran número de cabezas. Desde entonces a las 12 del día y a las 12 de la noche: Ikú, Ofó, Iña y Eyé rondan las calles en busca de víctimas, más, las personas juiciosas a esas horas se recogen en sus casas implorando a Obatalá que las proteja.

La Disputa entre Shangó y Obatalá.

Era un tiempo en que la tierra estaba sin gobierno y surgió una fuerte disputa entre Shangó y Obatalá por obtener el mismo y fue tan fuerte esta disputa que Shangó llegó a desafiar a Obatalá, para que ambos armados de sendas hachas decidir quién gobernaba al mundo.

 Obatalá cansado de tantas discusiones, aceptó el reto, pero sabía que perdería con Shangó, por cuanto era aún más joven y más fuerte y hasta más rapido, Obatalá fue a casa del Oba de aquella tierra quién le aconsejó hacer rogación con: Akuko meyi, asho funfun y dundun, semillas de melón, los ingredientes y owo.
Y le dijo que le diera un akuko a Elegua y al otro a Ogún, para que ganara el pleito.
Elegua al comerse el akuko le dijo a Obatalá: Mi padre vamos a ver y hablar con Ogún para que le haga las hachas para el duelo, fueron a casa de Ogún y al llegar allí Obatalá le dió el akuko y éste le dijo: No se preocupe que usted no perderá esa lucha.

Eleguá y Ogún prepararon las hachas, pero la que le iban a dar a Shangó le pusieron el cabo partido, de tal forma que éste no se diera cuenta de la trampa.

Cuando llegó el día de la pelea, Olofín presidió la disputa y dió la orden que la lucha comenzara. Obatalá cogió el hacha buena y Shangó cogió la otra sin advertir nada anormal, en la misma Shangó dió dos fuertes golpes en el

122

piso tumbando a Obatalá y cuando se dispuso a dar el tercero el cabo del hacha se partió, ocasión aprovechada por Obatalá para tirarlo en el piso y hacerlo rendirse.

Olofín al ver el resultado de aquella lucha le dijo a Obatalá: Desde este momento usted gobernará aquí en la tierra y Shangó al oír la palabra de Olofin, se arrodilló ante Obatalá y le dijo, la bendición mi padre, y éste se la otorgó.

Pasado un tiempo Shangó se entera por un Omo de Obatalá de la trampa que le habían hecho, y lleno de cólera se subió en una palma y comenzó a desencadenar su maldición sobre la tierra.

Nota: Por este camino es que nacieron los fénomenos lumínicos, la maldición y la porfía del menor contra el mayor.

Obatalá se libra de Elegbara

A Elegba le gustaba mucho el baile y por ir a una fiesta hacia cualquier cosa. Llegó un día en que no podía asistir a una reunión porque no tenía dinero; ni zapatos con que asistir.

El hizo todos los efuerzos habido y por haber, pero no resolvía y entonces se acordó de Obatalá y se dirijio a su casa y al llegar después de los saludos le dijo a Obatalá; te prometo limpiarte la casa todos los días si me sacas del apuro en que estoy metido y le dijo, además; necesito que me preste tres pesos para asistir a un baile.
(*) Así se les llama en Cuba a las personas que se dedican al préstamo de dinero con intereses sin estar debidamente legalizados.

Obatalá enseguida le entregó a Elegba los tres pesos pedidos por éste y Elegba salió muy contento de la casa de Obatalá y se dirigió para la fiesta en donde se divertió mucho y se acostó muy tarde y muy estropiado y al otro día se levantó y se dirigió a la casa de Obatalá para realizar lo acordado; pero como estaba trasnochado y con cansancio realizó el trabajo de mala gana y sin ningún deseo y así transcurrieron varios días.

Obatalá se enfermó y cayó en cama y tuvieron que mandar a buscar al Oba de aquella tierra para que lo registrara.

El Oba lo registró y le dice; aquí en tu casa hay una persona que no es de la misma y tú para ponerte bien tienes que decirle que se vaya. Mira esa persona se encuentra como presa le dijo el Oba a Obatalá.

Obatalá enseguida se acordó de Elegba que le estaba limpiando la casa en pago de la deuda por él contraída. Pero para no buscar disgusto ni problemas esperó a que hubiera nuevamente una fiesta en el pueblo. Y cuando así sucedió; tomó tres pesos y se lo dio a Elegba y le dijo; mira vete para la fiesta y divírtete y a partir de este momento ya no me debes nada, lo único que tienes que hacer es que de vez en cuando me des una vuelta, para que sepa como yo me encuentro y así yo sabré de ti.

Elegba le dio moforibale a Obatalá y se fue para su fiesta y no regresó más y desde ese momento Obatalá comenzó a sentirse mejor y se curó de su mal.

Nota: Por esa razón los Omo de Obatala deberán tener siempre contento a Elegbara, pues, aunque por mandato de

Olofín Elegba no puede hacerle daño a Baba, el siempre intentará hacerle alguna maldad.

Obatalá el Garrotero*

Obatala, era garrotero y tenía una bandeja de plata con pilas de dinero y prestaba a cuenta de la producción del campo, un día Elegua le dijo a Ogún que tenía ganas de comer y hacer una fiesta, voy a pedirle a Baba y no le voy a pagar y Ogún le dijo, Como vas a hacer eso, Elegua le dijo Yo lo hago. Y le pidió a Obatalá tres pesos, y le dijo Baba "si tu me lo prestas yo te pago trabajando en el campo, "Baba se los dio y Elegua se fue dió una fiesta y una gran comida y lo derrochó todo Ogún al ver esto quedó afligido de no poder hacer lo mismo y Elegua le dijo has lo mismo que yo, y Ogún le dijo "Yo no puedo hacer eso, y Elegua le dijo "Lo haré por tí" pero no le pagararé nada a Baba, y cuando Baba lo vio le dijo.

Que tal, tienes mucho dinero adelantado, se quedó pensando y dijo, Que listo es éste, Yo te lo doy, pero te quedas aqui para que me ayudes, éste así lo hizo, pero Obatalá se enfermó y tuvo que ir a casa del Oba de aquella tierra quien le dijo usted esta muy enfermo por el último dinero que prestó, y si esa persona le pide dinero prestado otra vez déselo a la carrera, pero bótelo de la casa para que usted se ponga bien. Baba así lo hizo y se curó.

Donde Obatalá se perdió en el bosque

Un buen dia Obatalá se perdió, y caminó tanto por el bosque, que ya cansado de tanto caminar tuvo que recostarse a un árbol, al otro día cuando despertó, observó que a lo lejos se observaba una casita pintada de blanco.

125

Obatalá se apresuró hacia aquella casita blanca, pensando que era la suya, cuando llegó vio que era la de la de un viejito, que al verlo le brindó su casa, agua y comida.

Después que Obatalá descansá un buen rato, aquél anciano le indicó el camino hacia su casa, Obatalá en pagó le ofreció mucha suerte y bendición.

Nota: hay que ayudar al necesitado.

La chiva de Obatala

Obatalá estaba criando una chiva y la vecindad siempre se estaba quejando de la chiva y él cansado se fue del pueblo.

Por el camino se encontró con Ogún y Elegba, ellos le preguntaron que le pasaba y el les contó, y ellos se fueron al pueblo y le empezaron a tirar piedras a los vecinos,

Al ver aquello los vecinos fueron a casa del Oba para que les aconsejera, donde el les dijo que dejaran que Baba criase su chiva pues esa sería la salvación del pueblo.

Los vecinos escucharon el consejo del Oba pero Obatalá no regresaba al pueblo, entonces el Oba mandó a buscar a Obatalá y lo mandó a hacer ebo a Obatalá y al momento los vecinos pidieron perdon a Obatalá y dijeron que lo preferían con su chiva a aquellos forasteros y Obatalá logró vivir tranquilo con sus vecinos.

La niña de Obatalá

Obatalá tenía una niña, la cual no la dejaba salir de la casa. La tenía siempre vestida de blanco.

Un día a Obatalá se fue de compra y la hija abrió la puerta y salió a caminar por la ciudad y por todas partes. Cuando quiso regresar, no pudo, y mientras más quería encontrar su casa, más se alejaba de la misma.

Obatalá al regresar a la casa, notó la ausencia de su hija y se puso a llorar, luego mandó a sus criados en su busqueda, ya la niña habia caminado hasta las afueras de la ciudad y se dirigió a una mina de carbón que por allí se encontraba.

En la mina había muchos hombres trabajando y cuando salieron de la mina llenos de tisne, mancharon la ropa blanca de la niña poniendola negra. Los criados que venían buscandola, no la reconocieron. La niña que era muy curiosa se metió dentro de la mina tratando de verlo todo, y se cayó en un hueco perdiéndose.

Nota: La historia anterior nos demuestra que los Omo de Obatalá siempre deben estar limpios y puros.

La guerra de Obatalá con el conejo (samba).

En este camino en Mose Inle el rey de esa tierra se llamaba Ekundere (Obatalá) en ella sus hijos eran pastores.

En aquellos tiempos Samba, el conejo, su mujer y sus hijos eran carnivoros pero les faltaba el valor para robarse las vacas de los hijo de Obatalá, entonces Samba fue a ver al Oba de aquella tierra y éste le marcó ebo con plumas osadie, cuero de vaca, para andar entre ellas, cuando ellas evacuaban Samba entraba por el Oriolo y sacaba la carne que más le gustaba menos el hígado, corazón e iñales.

Así lo realizaba Samba todos los días llevandole a su familia la eran malú. Un día Suruku el chacal vigiló a Samba, pues deseaba saber como éste adquiría su comida, y al ver a Samba realizar su operación, la cual consistía en entrar por detrás al interior de la malú, el metió su cabeza dentro del Oriolo pero no alcanzaba, entonces el chacal mordió el hígado para comerselo pero la malú gritó fuerte y Suruku salió asustado con adofá en la boca y entonces la malú cayó muerta cerrando el Oriolo y Samba se quedó adentro atrapado, pero resultó que la malú era la preferida de Okundere y cuando a éste le avisaron de los sucedido cogió las armas y se personó en el campo donde vio allí a su malú muerta.

Entonces indagó entre los pastores que quien había sido y estos no supieron que hacer y Obatalá levantó el sable para cortarle la cabeza a todos y de pronto uno de ellos dijo ; por que usted no le abre el vientre a la malú para ver quien pudo haber sido o que pudo haberle sucedido a la malú.

Ekundere así lo hizo y para sorpresa de todos dentro estaba Samba enredado en los iñales, entonces Okundele cogió el sable y cogió a Samba por las orejas y le dijo: canalla ha matado a mi mejor malú, pagarás con tu cabeza y con el sable lo degolló, bebió su eyé y se lo comió asado y después se dirigió a casa de Samba para exterminar a su familia, pero al ver a los hijos chiquitos se compadeció de ellos y los perdonó, sentenciándolos a vivir de hierbas y raíces y Obatalá para salvar a sus hijos come conejo.

La enfermedad de Obatalá

Obatalá vivía en lo alto de una loma y se enfermó, por lo que ninguno de los santos querían ir a visitarlo por temor al contagio, ante esa situacion San Lázaro decidió ir a visitarlo, lo cual lo hizo con una moneda de plata, un collar funfun y una etu (guinea) y apoyándose en sus muletas con mucho trabajo comenzó a subir la loma y así llegó a casa de Obatalá.

Babalú Ayé con la moneda de plata limpió la vista de Obatalá, pues estaba casi ciego, después le hizo sarayeye con la etu y se la mató sobre su pierna izquierda pues baba la tenía enferma.

Babalú Ayé con los huesos de la etu, el collar funfun y la moneda de plata le preparó un ishe ozain y Obatalá recupero su salud.

La corona de la pluma del loro y la memoria de Obatalá

En la ciudad de Ake vivía Obatalá el cual era profeta y adivino y el Obba de quella prospera tierra, él tenía un gran conocimiento y una gran sabiduría gracias al ashe que Olofin le había dado y por esta causa era muy querido y respetado por su pueblo y todo lo que él decía y pronosticaba era escuchado con atención ya que más tarde o más temprano lo que decía su lengua resultaba , pero resulta que de tantos conocimientos adquiridos y por la gran acumulacion de saber que poseía esto le trajo como consecuencia que su memoria le comenzaba a fallar y se le olvidaban a veces las cosas que tenía que decir y las obras que tenía que marcar para resolver una situación determinada.

El tenía grandes enemigos por causa de la envidia y estos comenzaron a notar esta situación que Obatalá estaba presentando y decidieron tenderle una trampa para abochornarlo y que perdiera el prestigio delante de su pueblo y del mismísimo Olofin.
Obatalá que sabía lo que le estaba ocurriendo fue a casa del Obba de una tierra vecina y le marco ebo y obori eleda para que así no perdiera la memoria y su ashe.

Obatalá había ido en compañía del loro. (Agenron) y realizó lo que aquel Oba le había marcado y su loro le dio su pluma y éste la comenzó a usar en su sombrero.

Olofin llama a Obatalá y le comunica que debe de ir al pueblo de Adowa y le dijo lo que tenía que hacer allí.

Obatalá sale para Adowa y se olvidó de su sombrero y de su pluma de loro, y al llegar allí, y revisar su equipaje vio que le faltaban estas dos cosas y se puso tenso y afligido, ya que sabía que sin éstos se le podía olvidar parte del mensaje que Olofin le había dado para que lo comunicara a aquellas gentes.

Sus enemigos se pusieron de acuerdo y fueron a ver a Olofin para hablarle de la situación que estaba atravesando Obatalá, y le dijeron, si usted quiere comprobarlo vaya hasta Adowa y verá los resultados.

Olofin se encaminó hacia Adowa y ya estaba Obatalá reunido con el pueblo y ya comenzaba a dar el mensaje de Olofin, pero titubeaba tratando de recordarlo todo y en eso llegó su buen loro; quien al percatarse del olvido de Obatalá cogió el gorro y la pluma y se lo llevó.

Obatala al ver que su loro le había traído todo eso. Enseguida sin titubeo comunicó el recado de Olofin y enseguida el pueblo cogió a los arayes de Obatalá y lo encerraron y así Obatalá se libró de sus enemigos y volvió a recibir ashe y la bendición de Olofin.

Nota: La historia anterior nos revela la importancía y signifiacdo de la pluma del loro para los Omo de Obatala.

La guera entre los Omo de Obatalá y Olokun

En la tierra Abere vivían los omo de Obatalá, quienes vivían tranquilos y felices, pero los hijos de Olokun que vivían en la tierra Iwori Woyebe siempre estaban dándoles quejas a sus padres, diciéndoles que los hijos de Obatalá que eran omo aguema, los tenían intranquilos y no los dejaban vivir.

Olokun no les hacía caso a sus hijos porque él presumía de un monstruo que tenía a su servicio, y vivía orgulloso del poder de dicho monstruo.

Un día Olokun se quiso desengañar de lo que decían sus hijos y decidió visitar la tierra Aberoni cuando salió comenzó a cantar.

Obatalá, que por casualidad estaba pasando por aquel lugar, al oír dicho canto, enseguida pensó que éste estaba muy bravo y que venía muy fuerte, y por su cabeza pasó la idea de que quizás Olokun venía a cabar con sus hijos.

131

En ese momento todos los aguemas empezaron a saltar y rezar, Obatala, que escuchó lo que rezaban sus hijos, se puso muy contento y les contestó el rezo:

Omi ni ile oba ni oshanla omo ni odara obatala omo yebi orun obo.

Olokun que oyó esto, se puso más sobervio y disgustado, y se fue para donde estaba Obatalá y le dijo: mira a ver lo que están ustedes haciendo, porque no solamente voy a dar cuenta a tus hijos de esta tierra, sino también de todos los hijos que tú tienes.

Tú te quedarás sólo en el mundo.
Obatalá al escuchar estas palabras de Olokun, se dio cuenta que estaba perdido, pues no podía luchar contra una fuerza tan grande que tenía el monstruo de Olokun, y de tanta sobervia que cogió Obatalá, se echó a llorar porque pensó que iba a perder a todos sus hijos.

Cogió su agogo y salió a caminar tocando y haciendo la llamada:

Iwori nifa obayerdi olorun iwori wode waye benel Ogún oshanla ifa.

Así llegó Obatalá a casa de Ozain que, al verlo y conocer su problema, le prometió ayudarlo y darle ewe y le dijo que fuera a casa del Oba y que hiciera lo que le indicara, que él con su poder, también iba a ayudarlo a vencer las dificultades.

Obatalá llegó a casa del Oba y le contó todo lo que estaba sucediendo, así como la amenaza de Olokun que le había formulado de acabar con todos sus omo, y el Oba le aconsejó realizar rogación y sacrificio y le dijo: Usted verá como Olokun se va a tranquilizar.

Terminando el ebo, el Oba lo mandó a botarlo en owi ka, enseguida guardó el ebo, y por la virtud de Ozain comenzaron a germinar en poco tiempo y echaron las espigas.

Los omo de Obatalá (omo alaguema) comenzaron a brincar y a chocar unos con otros dentro del maizal, ocasionando un gran ruido. Olokun, que ya tenía a su monstruo preparado para la guerra se asomó y miró para oni ka, y le vio toda cubierta de maíz, y creyó que era un gran ejército de soldados con sus filas puestas, Olokun se asustó y enseguida llamó a su monstruo y le dijo que contra eso ellos no podían, que tenían que hacer las pases con Obatalá, y que sus hijos siguirian viviendo en el mundo hasta ahora, y así fue como se volvió ashegun ota.

"Maferefun Obatalá Ayagguna".

En este camino, Olofin hizo un reparto de las tierras, y cuando distribuyó los cargos entre sus hijos, a Ayagguna le correspondió ser de las pendencias, todo lo revolucionaba y gobernaba en una gran parte de África, se peleaba con todos los vecinos.

Un día Olofin lo llamó a capítulo y le dijo: Por qué gobiernas en esa forma tan pendenciera, yo quiero la paz para todos.

A eso Ayagguna le respondió que él estaba sentado sobre la sangre y que ella no le circulaba por su cuerpo.

133

A Olofin siempre le daban las quejas de las camorras de Ayaguna, él lo buscaba siempre, era la lucha.

Entonces Olofin, de África, lo mandó a Asia, y Ayagguna encontró gentes tranquilas y pacificas, jamás se desafiaban y todo era paz y tranquilidad, Ayaguna le presentó a uno de sus hombres cómo se podia vivir allí descansando siempre, el individuo respondió: si señor, todos vivimos en paz, no peleamos nunca, a lo que Ayagguna le dijo: pues en lo adelante tendrán que pelear, yo soy el guerrero, el jefe.

Ayaguna fue a visitar al jefe de la tribu vecina y le dijo que fueran a dominar al otro pueblo, que ellos eran bobos y los arengó: por ahí vienen los invasores a vencerlos, y no les quedó más remedio que defenederse, ser vencidos o vencedores.

Así no dejaba a nadie en paz, alumbrando siempre la guerra aquí y allá, por todas partes, inyectando la discordia entre unos y otros, esta guerra llegó a arder en el mundo entero.

Los pueblos volvieron a quejarse ante Olofin por ello, quien les dijo: Ayagguna, por favor, hijo mio, quiero la paz, yo soy Oloddumare.

Ayagguna le dijo: Baba, si no hay discordias, no hay progresos, y con ella avanza el mundo, haciendo que el que tiene dos quiera tener cuatro, y triunfe el que sea capaz. Diciéndole entonces Olofin: si es así, durará el mundo hasta el día que le de la espalda a la guerra y te eches a descansar, ese día aún no ha llegado.

"La guerra de Agayú con Obatalá".

Aggayú sostenía una guerra con Obatalá porque quería evitar que Olofin le concediera el poder de ser el dueño de todas las cabezas.

La condición impuesta por Olofin a Obatalá era la búsqueda de un ashe, algo muy estimado, que consistía en una eyele que tenía su nido en el techo de una casa.

Obatalá para cumplir con los deseos de Olofin, se dirigió a Yemayá y le dijo: quiero que me ayudes a atrapar a la paloma. Donde ella le preguntó que para que él necesitaba su ayuda, quien le respondió que porque Agayú le había llenado los caminos de serpientes. Yemayá le dijo que ella no podía ayudarlo, que fuera donde Orunmila.

Se despidió de ella y fue donde Orunmila, y éste le mandó a que viera a Shangó, de quien le dijo que éste se subiría al tejado donde están las palomas y las cogería.

Obatalá dejó la casa de Orunmila y salió a buscar a Shangó, a quien le dijo que lo mismo que Orunmla le había dicho.

Saliendo ambos a cumplir la misión de Olofin.

El camino se encontraba lleno de serpientes, por lo que no pudieron continuar, donde Shangó se subió a un árbol observando a Agayú sobre otro árbol y le cuenta eso a Obatalá, a quien le dice que Agayú estaba vigilando el camino. Era imposible coger las palomas porque estaba vigilado el camino y lo mejor era buscar a Eshu, quien lo sacaría de apuros.

Obatalá se despidió de Shangó y fue a buscar a Eshu, él le responde tomando un saco lleno de eku, eja, agbado, e iba depositando en el camino estas tres cosas, hasta que ahuyentó a las serpientes y pudo marchar sin ser molestado cantando un suyere:

"Eshu barako moyugbara".

Y así pudo acercarse al árbol donde estaba Agayú y le dice: me he enterado que quieres hacerle una trampa a Obatalá y vengo a ponerme de tu parte, Aggayú sin descender le dice: que clase de ayuda puedes ofrecerme.

Eshu le dice que podía cerrarle todos los caminos a Obatalá, por lo que Aggayú descendió del árbol y le dijo que le gustaba su ayuda y que serían socios.

Eshu saca una igba de oti y le responde: buenos tomemos un sorbo para celebrar la alianza, dejandolo borracho y sale corriendo hasta la casa y trata de escalar el tejado, pero no puede. Entonces escucha la voz de Shangó que venía por el camino cantando:

"Ile ni ile morrosakuta ile
kundi akuko".

Eshu le grita a Shangó que fuera por allí, quien le pregunta que era lo que hacía allí. Y Eshu le responde que él no podía atrapar a las eyele, por lo que Shangó escaló al tejado y cogió a las palomas.

Por el camino venía Obatalá, y los tres fueron donde Olofin, quien al llegar ellos le dicen: Obatalá, te hago dueño de todas las cabezas, a ti Eshu, te doy el poder de abrir todos los caminos.

El tambor de Obatalá

Obatalá tenía una mujer y pasaban los días muy felices, pero el ignoraba los verdaderos sentimientos de dicha mujer y ésta lo estaba traicionando y el vivía ignorando lo que sentía.

Un día Obatalá sale a dar una vuelta por su inmesa propiedad y regresó más pronto de lo acostumbrado, ya que él tardaba varios días en dar su recorrido y sucedió que se sintió enfermo y decidió regresar a su casa con varios días de antelación.
Cuando llegó vio que su mujer le era infiel con uno de sus criados y quiso actuar violentamente, pero recapacitó y actuó lleno de astucia y comenzó a pensar de la manera que se vengaría de la traición y el engaño de su mujer.

Entonces decidió coger un tronco y hizo un tambor y de parché le puso la piel de su mujer. Obatalá todos los días tocaba aquel tambor y así de esa forma se desquitó y se vengó de su mujer.

Obatalá sabía que la vibración del tambor iba deteriorando el sistema nervioso de su criado hasta que el hombre se tuvo que marchar de sus propiedades.

El pacto entre Ikú y Obatalá

Obatalá tenía un Omo llamado Omo alade y Obatalá molesto por las incomprensiones de los seres humanos fue donde él y quiso terminar con el mundo, e hizo trato con

137

Ikú para matar a todo el mundo y él llamaba a Ikú y le cantaba.

Baba Ikú fo lona afefe Ikú
Afefé lona Babá Ikú Fo lona.

Donde Ikú vino y comenzó a acabar con todos, pero también con los hijos de Obatalá. Obatalá al ver esto se arrepintió.

Cuando ikú llegó a casa de Omo Aladde, Obatalá fue a casa del Oba de aquella tierra y éste le dijo: Ikú te persigue a ti y a tú hijo, pero para salvarte tienes que buscar iworiyeye que es ewe que tiene una virtud de Olofin, de Shangó y de Oyá y ella limpia y ampara de cosas malas.

Este es un Ewe de gran virtud salvadora y le hizo oparaldo a Obatalá y a sus hijos con eya tuto meta y akuko.

Después Obatalá escondió a sus hijos en la mata de Iworiyeye e Ikú nunca podía alcanzarlo a él ni a sus hijos en la mata de Iworiyeye, donde Obatalá cantaba:

Iwo ri yeyé, iwo ri yeyé, obo ri Baba Obatala,
Ta ka sho mamelo, eni kilo lashe,
Olofin Oba, ewe isalaye

Y así se salvaron todos.

Capítulo IV

Hierbas de Obatalá

Relación de plantas que pertenecen a Obatalá.

Agracejo.

En lucumi: yán., congo: doúki.
Se utiliza en el omiero del asiento, en regla de mayombe se emplea para hacer daño y bien, trabaja mucho hecho polvo ligado con yaya y sangre de doncella, muchas prendas de mayombe se montan con el agracejo, es bueno para el paludismo como agua comun, es muy estomacal y la raíz cura la gonorrea.

Acebo de la tierra.

Lucumí: sucui. congo: abayo.
La hojas y las raices en agua, sin hervir es buena para el hígado y facilita la digestión, la corteza cosida con hojas secas y unas cuantas frescas bien caliente para sudar la fiebre.

Achicoria.

Lucumí: amuyó, congo: gué.

139

Las hojas y raices sin hervir como agua común es muy buena para el estómago en descomposoción y hemorragias, es muy diurético.

Aguinaldo blanco.

Lucumí: ewé bere, fun ewé nile., congo: túanso.
Para despojar las malas influencias, para baños lustrales y baldeos purificadores de la casa, el cocimiento de las flores es indicado para contener la taquicardia.

Achiote o achiole.

Lucumí: babá iyé, congo: túanso.
El zumo de las hojas y de la raiz bebido con frecuencia calma el asma y afloja el pecho.

Alacrancillo.

Lucumí: agueyi. Congo: blwoto.
Algunos santeros se la atribuyen tambien a oshún y otros a oké.
Para baños lustrales y bebido en cocimiento como agua común calma la irritación interna de la piel, las raices con las ramas y hojas reduce las hemorroides.

Albahaca anisada.

Lucumí: tonomiyo, ororó, nisé., congo:mechuso.
Hervida o sin hervir para purificaciones y despojos, el aroma utilizados en pañuelos de colores según el ángel de la guarda de cada cual para el mal de ojo, en cocimineto de sus ramas y raíces para los dolores, cólicos y gases.

Algodón.

Lucumí: orú, oro, congo: ndúambo.
Dueños: a parte de obatalá, ochanlá, baba lubbó, alámoreré.
Para calmar el dolor de oidos, los capullos del algodón verde, después de sumergidos en agua no muy caliente se exprimen lentamente dejando caer gotas dentro de la oreja. Las semillas machacadas y ligadas con sebo de flandes se compone un emplasto que madura rapidamente los tumores, el cocimiento con la semillas para el asma y bronquitis, su raíz es excelente para regular la menstruación, si se hace concentrado sirve para abortar.
La flor en lustraciones elimina las impurezas que mantiene en mal estado físico y en su concecuencia moral al individuo que no se haya purificado por completo. Las hojas del algodón se utilizan en el omiero del asiento.

Almendro.

Lucumí: igi uré, ekusi., congo: tuánso.
Las hojas se emplean para lavar la cabeza.(refrescar eledá).y en despojos, baños y baldeos para purificar la casa, para la buena suerte, para lavados vaginales un cocimiento con la corteza con la raíz y las hojas, la savia de esta planta con el aciete que se extrae de la fruta se aplica a la piel, la mantiene tersa, sedosa y fresca, el aceite de almendra se emplea para las lámparas que se le encienden a obatalá, sus hojas se inclueyen en el humiero.
Anón.

Lucumí: irábiri.
Las hojas en cocimiento sirve como relajante, las semillas se tuestan y se muelen con aceite para combatir los

141

piojos, el cocimiento de sus hojas junto con las de marilope sirve para la sistitis y todos los padecimeintos de la vejiga.

Árbol de bibijagua o campana.

Lucumí: agogó, balanké., congo: bukuá, nkunia.
Se le atribuye además a orishaoko, y a yewa.
La savia de esta planta se aplica a la culebrilla o sea a la erupción conocida por ese nombre, que suele aparecer en el cuello o la cintura debiendo combatirse de inmediato, pues se piensa que ese reptil imaginario puede matar a quien lo posee, si llega a juntar la cabeza con la cola. Los garabatos de esta planta sirven para unir a las personas que están separadas por cualquier motivo.

Árbol de la vida.

Lucumí: anñúa,
Dueños: obatalá y oddúa.
En cocimiento se recomienda para dolores reumaticos, en semana santa se le extare la savia que se expondrá al sol y sereno durante 40 días y se obtendrá un magnifico t>nico regenerador del organísmo.

Árbol de la Ceiba.

El cocimienro de sus hojas y raices en baños neutraliza el mal olor del sudor de los pies.

Aroma blanca.

Lucumí: riani.
El aroma de sus flores en un pañuelo contiene la coriza.

Arroz.

Lucumí: euo, sincofa, irási., congo:loso.
Kamanaku:es un apetitoso manjar de arroz molido, se remoja el arroz y cuando los granos están hinchados se pilan se siernen y se reducen a polvo, se bate en un caldero y se cocina a fuego lento con leche que se le ofrenda a obatalá. El agua en que se ha lavado el arroz mata la brujería se emplea para limpieza. A la mañana siguiente de un levantamiento de plato(ceremonia después del año de muerto un olocha), después de una noche de vela en que se tocan los batás exclusivamente para el muerto, los que toman parte en este rito deben participar en lan honras funebres de la iglesia, al regreso de la misa se cosina el arroz sin sal y con la carne que haya sobrado del cochino que se le sacrifica al difunto en esta ocasión se riega el arroz por toda la casa, el arroz blanco con guenguere es una ofrenda tradicional para oyá.
En cocimiento para las diarreas, en harina para cualquier erupción de la piel y para embellecer el cutis.

Artemisilla.

Lucumí: ewé irii., congo: lúanga.
Se le atribuye tambien a san lázaro.
En purificaciones lustrales, proporciona alegría y propicia bienes materiales morales e intelectuales.
Un despojo con artemisilla deja una sensación de alegría tal que se apreciará a todo el mundo más contento.

143

Atipola.

Lucumí: atikuanlá., congo: maike.
En cocimiento para tomarlo como agua común se bueno para las vías urinarias, para lustraciones y refrescar la cabeza, para la buena suerte baños de atipola, se emplea en omiero del asiento.

Azafran.

Lucumí: ewé pupo., congo: mayanda.
Aunque existe una yerba llamada azafrán del país, el que se emplea para bajar la menstruación es el comercial, si la suspención tiene por causa un disparate, como un baño frio o dormir bajo la luna, el remedio es un poco de azafrán, una botella de miel de abeja pura, tres cocos pequeños que se cortan por el medio y un litro de agua. Se hierven los cocos con el azafrán y la media botella de miel, y se deja a la candela hasta que quede aproximadamente tres tazas, que deberá tomarse caliente tres veces al día, si se tiene hemorragia luego al otro día se hierven los tres pedazos de coco y se toman tres cocimientos, el cocimineto de azafrán solo sirve para los espasmos.

Bayoneta o peregun.

Lucumí: peregún, denderé. congo: ngoto.
Uno de los ewe más importantes del asientos para terminar la ceremonia, pues es la primera de las dieciséis principales de cada orisha que se ponen en la cabeza del iyawo.

144

Bledo.

Lucumí: lobe, teté.
Existen varias clases de bledo, que se echan en el omiero del asiento, en fricciones para refrescar, para despojar, los cogollos se emplean para las comidas de los osrishas, la raíz hervida para purificar interiormente el cuerpo, para limpiar la casa, para el extreñimiento, la sífilis y los tumores malignos.

Campana.

Lucumí: agogó. congo: kusaumbo nguangua.
Se emplea en el omiero de este orisha, para despojos, baños y limpieza en general.
El zumo se emplea para la bronquitis pués facilita la expectoración, la raíz y la corteza para los efectos de embriagación.

Canutillo.

Lucumí: ewé carodo, cotonembo. congo: totoi.
Aparte pertenece el blanco a yemayá y el morado a shangó.
En purificaciones. Con canutillo se lavan todos los orishas femeninos, en cocimiento es diurético, el blanco es excelente para lavar los ojos, el morado en baños es muy beneficioso, para despojos y buena suerte, canutillo morado, campana blanca, albahaca y paraíso todo hervido se hecha en una tina con "espíritu vencedor", "espíritu tranquilo" y "amanza guapo".

Cojate o colonia.

Lucumí: ewé, orú, didona.

145

En matanzas pertenece a oshún.

El zumo se utiliza humedeciendo abundantemente un algodón o un pañuelo y se le introduce en la boca del cadaver que expulsa espuma y sangre y se le taponea bien la boca y los demás conductos de desahogo.

Las hojas frescas, para el dolor de cabeza, aplocadas a las sienes, colocadas en el ombligo evitarán los gases, en fricciones para buena suerte y matar lo malo, alejar a los Eegun y limpiar la casa.

Coralillo blanco.

Lucumí: cueyén., congo: yujé.
Se le atribuye también a oshún.
En baños como despojo, para atraer la buena suerte, en cocimiento cura los golondrinos enrojecidos, pues el zumo los disuelve o los revienta.

Chirimoya.

Lucumí: mequerí., congo: biloko.
Para despojos, las hojas son para el omiero del asiento, es estimulante, y para combatir diarreas y pujos.

Diamela.

Lucumí: itanacó fun fun. congo: mundela.
Las hojas y flores para baños de despojos, con el aroma de la flor se prepara un amuleto amoroso.

Estropajo.

Para despojos cuando la suerte nos abandona, pues tiene la virtud de desenredar la suerte y las malas influencias,

146

se recomienda para enemas contra el parasitismo intestinal.

Galan de día.

Lucumí: orufirín, otoro. congo: montoó.
Se le atribuye además a oddúa.
Para purificar el hogar de las malas influencias, atraer la suerte y crear un ambiente de alegría y claridad, se riegan los petalos por toda la casa.

Lirio.

Lucumí: peregún fun fun, merefé., congo:tunkanso.
El zumo es vomitivo y se emplea para arrancar el bilongo, con él se prepara se prepara un jarabe para la tosferina.

Jazmin de la tierra.

Lucumí: alenyényen.
El zumo de la flor, para conservar la juventud y tersura de los senos.

Manto de la virgen.

Lucumí: osharé.
Para lavar el otan y las reliquias del orisha.

Maravilla.

Lucumí: ewé ewa, inkuallo., congo:boddulé.
Se tuestan las semillas de la maravilla y se hacen polvo se pone en una hoja de algodón y cascarilla y manteca de cacao y se cubre con un pañuelo blanco. Sobre el

pañuelo se pone una hoja de prodigiosa y se deja sobre la piedra de obatalá, durante ocho días se avienta un poco de ese afoché en la puerta, y la suerte, seguramente visitará la casa.

Cuando los ojos de un cadáver se han quedado abiertos se les cubre con hojas de maravilla, que tiene la propiedad de cerrárselos suave y lentamente el cocimiento de la raíz, contiene los pujos secos o sanguinolentos, el zumo de toda esta planta revienta los tumores externos.

Aflicciones a las que protege:

Ceguera, parálisis, guinea, gallina blanca.

Prohibiciones:

Bebidas alcohólicas, cangrejo y judías.

CAPITULO V

Generalidades

Cuando habla Obatala a través del coco.
Cuando se trabajar con el obi, para lograr una mayor empatía con la espiritualidad en cuestión, se raspa un poco el obí y se pinta con el color del orisha en este caso Obatala, de blanco.
Este obi pintado y dedicado a Obatala, se colocan dentro de una vasija con agua y se deja para rodarlos dentro de la casa.
Al ofrecerle obí omi tutu a Obatala, después de la mo juba se hace el correspondiente rezo de llamada, saludo y ofrenda a Obatala y los presentes contestarán Apayan(akuaña) que quiere decir: que así sea, amén, etc.

Para Obatalá
Òrìşanlá okònrin ati obìrin ni layé dàgbà ni gbogbo na daradara ati búkuu ọba ati ayaba afin oka ni na tala ati gbogbo na şeşe bábà layé abo mio ati gbogbo na ejun daradara bábà wa afin alawo hepa bàbá mí.

Traducción:
Santo grande hombre y mujer del mundo, creador de todo lo bueno y lo malo, rey y reina adivino, dueño de la pureza y

149

todos los justicieros padres grande del mundo, protector mío y de todas las cosas buenas sanas, padre nuestro adivino misericordioso viva padre mío, gracias.

Con los cuatro pedazos de coco entre las manos, gire los brazos juntos hacia la derecha y después a la izquierda llamando al orisha y diciendo:
Obatala, gbogbo Irunmole yi ko otun: Obatala y todas las deidades que están a la derecha.

Obatla, Gbogbo Irunmole yiko osí: Obatala y todas las deidades que están a la izquierda

Gire al centro diciendo:
Juu şoro mo bi: Lanzar adelante, voy a preguntar.
Lé ofo: Separe el mal inesperado, las pérdidas
Juu tè obí: El coco va a ser lanzado.
Iré o: Puedo anunciar futuro bueno.

Presione sin separar las manos que aguantan los obinu de manera que puedan penetrar en ellos las buenas vibraciones que vienen del cielo, en este momento realice su pregunta, espere unos segundos para lograr el máximo de vibraciones y tire los cocos desde la altura de su cintura y si está agachado desde la altura de las rodillas. Lea la tirada.

Solamente por este oráculo puede sacar cinco letras u odu, las cuales podrán aparecer en doce posiciones u organizaciones simbólicas llamadas Apere. Además, puede aparecer una tirada con cocos montados uno encima de otro (meji) o bien uno de los cocos de lado (de canto), si uno de ellos se rompiera en dos pedazos al caer se acostumbra a relacionarlo con muerto. Normalmente lo que se hace es, cambiarlos y si no se tiene otros, entonces se sustituye el que se rompió y se manda a lavar el resto con agua fresca.

Alafia: 4 Obinu blancos boca arriba

Invocaciones: Aikú baba wa be ji ona, Obatala eru aye.

Iyere: Oye wá Obatalá, orí aye: Obatalá gran sabiduría, cabeza del mundo.

Coro: Owe: Todos necesitamos del bien, pero todos no sabemos apreciarlo.

Se besa el suelo y se dice: Alafia, Alafia oró, Alafia ago, Alafia orí, Alafia Aikú baba wá

Apere Ti Obatala (posición): Apere Okuta Oni yeyé yiye: Este tiene estructura de diamantes ó de rombo, significa luz, inteligencia, sabiduría, amor, bondad, felicidad, pureza, armonía, cuatro puntos de rombo que armonizan a todas las contrariedades.

Obatala es fuerza y su símbolo es el diamante, es el carbono puro, Obatala es la realización inmediata de Olofin, ley universal o cósmica, Obatala es la luz del sol individualizada en dieciocho rayos solares y en el centro del sol, donde se considera el primer Obatala llamado Oddua, Olórun, Olórun es el sol, pero Obatala es la luz del sol. Olófin es la ley que rige la luz.

Alafia
Aikú baba wa

Etawa
Kosi arun

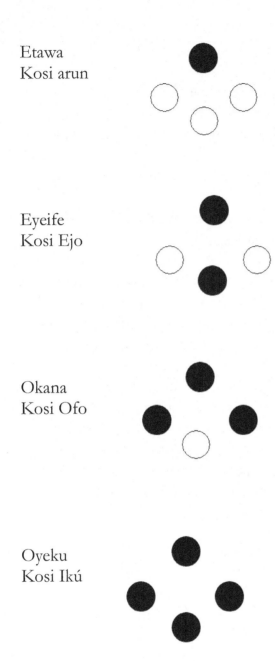

Eyeife
Kosi Ejo

Okana
Kosi Ofo

Oyeku
Kosi Ikú

Cuando habla Obatala a través del dilogún.

En Okana Sode:

Dice Obatala, que, si no está haciendo algo malo, no le faltan intenciones, que no lo haga. Que si en su casa no hay enfermo pronto lo habrá. Que, si le gusta echar maldiciones, que no las eches. Que tenga cuidado, no lo vaya a morder un perro. Que evite las discusiones, que es preferible que se esté callado, díganle lo que le digan, para evitar enredos. Que si en su casa hay enfermo debe llevarlo al médico no vaya a ser un muerto en su casa, si ya no lo hubo. Que si tiene que hacer un viaje tome precauciones. Que esta persona es burlona. Que es curiosa. Esto puede serle funesto, pues a causa de ello, puede hacer sufrir a otra persona un bochorno con resultados graves. Que usted es muy soberbio y muy porfiado. Que se le aconseja que cuando vengan a contarle algo, eche tres poquitos de agua en el suelo y tome de ella. Que no sea curioso, que no se levante a ver, cuando sienta cualquier barullo, escándalo o algarabía. Que, si usted está haciendo algo malo, se le puede descubrir. Que usted carece de comida y de tranquilidad. Tenga cuidado con pérdida de un niño. Que usted es algo incrédulo, pues no cree en Òṣà ni le gusta que le digan nada, si se le dice una cosa es igual que si no se la dijera. Que a usted no le gusta que le digan la verdad. Que usted puede pasar un susto muy grande. Que en la puerta de su casa está la justicia. Que usted no debe de porfiar con nadie, porque usted es desconfiado y temerario, y a usted le gusta la discusión. Que no use jaranas pesadas con nadie. Que no use armas encima, ni este hasta tarde en la noche, porque lo pueden llevar preso por equivocación o lo pueden herir. Hay una persona que le muestra dos caras y con su lengua lo perjudica. No maltrate a los perros.

En Ejioko:

Dice Obatala, Que se encuentra en mala situación. Que sus males provienen de su carácter caprichoso y de no atender consejos. Que tiene intereses en el campo, si no los tiene, yendo al campo, allí encontrará bienestar, pero tiene que hacer rogación, de lo contrario se vera envuelto en asuntos judiciales y no podrá disfrutar del bien que se le anuncia. Que usted tiene una reliquia o prenda, que está mal hecha. Que se cuide del aire pues está propensa a quedar baldada. Que usted a veces habla solo. Que a usted le reclama el ángel de su guarda. Que su felicidad depende de su propia administración. Que su organismo es débil, aunque no lo parezca. Que no entre en sótanos, cuevas o excavaciones. Que tenga cuidado con lo que coma o beba. Que usted es una persona maldiciente. Que usted se cree muy fuerte y su enemigo lo puede vencer. Tenga cuidado con una enfermedad grave, que puede ser una parálisis o una dislocación en los pies o en la cintura y él puede provocar postración. Que usted tiene que hacer Òṣà. Que usted tiene una prenda o algo empeñado o prestado, que no lo haga más. Que no cuente sus sueños. No tenga objetos de yeso en la casa. Que usted debe de hacerle una misa a un familiar fallecido. Dele calor a su casa. No diga nunca lo que usted sabe. Si usted tiene puesto collares tiene que refrescarlas y si no, tiene que ponérselo para que le venga una suerte que esta estancada. Póngale frutas a los jimaguas. Usted tarde o temprano tendrá que hacer Òṣà. Si usted tiene familia en el campo, a ese familiar le pueden levantar una calumnia y será entre familia.

En Ogunda:

Dice Obatala, Que tiene ideas de atacar a otra persona, con un arma. Que no use armas, esa misma persona está amenazada por Ògún y no va a tener tiempo de defenderse, por lo cual es necesario que evite las ocasiones de discusiones o altercados. Que usted va a recibir una hincada y puede pasmarse si no toma precauciones. Que tenga cuidado, si usted ha hecho algo malo, que pueda verse descubierta y quedar comprometida. Que no beba licor. Que no pelee con nadie. Que lo que se perdió va a aparecer, o algo que se va a perder y aparecerá pronto y entonces el llanto se volverá risa. Que evite subir o bajar a lugares con peligro y acercarse a maquinaria donde pueda accidentarse. Que el peligro acecha a esta persona, por todas partes y en cualquier descuido pueda resultar herido o muerto. Que usted hizo una cosa donde intervino la justicia o ha de intervenir. No pelee con su mayor, ni salga a la calle hasta después de 7 días. Usted está triste, porque el hierro está cerca de usted. Que su estomago está enfermo. Que usted tiene tres enemigos y cuál de los tres es más fuerte y pretende hacerle daño. Que usted es muy renegado y por eso Òbàtála esta bravo. Si es mujer la que se registra va a tener tragedia con su marido, por cuenta de un chisme y hay celos. Si es mujer, a su esposo lo quieren poner de tal forma, que desatienda la casa y le importe poco todo. Que hay una persona que vela sus movimientos y que no desea que usted adelante. Esa mujer es trigueña. No brinque zanjas ni hoyos, ni monte a caballo. Usted quiere amarrar a su contrario, NO LO HAGA. No cierre ningún negocio que tenga entre manos hasta que no haga rogación. No se pare en la esquina porque puede ocurrir un accidente. Cuide sus prendas, no vayan a amarrarlo con ellas mismas.

En Ejiunle:
Dice Obatala, que es usted es su hija. Que quienes la tratan, no le dan el mérito que usted se merece, esto es por su culpa, por ser demasiado noble. Que ha tenido un sueño malo, que le tiene preocupada. Que usted ha pasado mucho

trabajo y aún le queda algo por pasar, pero al fin su camino se aclarará. Que si donde vive hay ratones que no los mate. Que no cuente sus sueños porque si no pierde la gracia. Que no coma maíz, sobre todo que no coma frijoles blancos. Que, aunque sea en la vejez, tiene que hacer Òṣà. No coja lo que no es suyo, ni tampoco la mujer ajena. Todo lo suyo le cuesta lágrimas y todo porque no cumple con el ángel de su guardia.   Ocúpese de él y vera como usted adelanta. Usted padece de las piernas y le dan calambres. Usted tiene que vestirse de blanco e ir a la iglesia del Santísimo, no puede coger mucho sol, ni dejar que le caiga agua de lluvia encima. Usted ha soñado con dos caminos largos y uno estaba sembrado de maíz. Dele las gracias a Òbàtála. Respete a los mayores y sobre todo a los que tienen canas, no se burle de ellos para que pueda adelantar. A usted se le olvidan los sueños y va a recibir noticias de ellos. A veces usted desea la muerte y es porque usted es muy soberbia y no tiene tranquilidad. No coma frijoles blancos, ni tome bebida blanca, ni coma mondongo. No coja nada que sea de muerto. Usted ve sombras y se asusta cuando las ve. Hay un difunto que le está pidiendo algo, cumpla con ese muerto. No coma batata (boniato), ni maíz, ni nada que sea de un día para otro. No tenga la costumbre de amontonar la basura en los rincones. Usted tiene desarreglo en su costumbre. Usted tiene una buena cabeza para hacer el bien, pero siempre le pagan con un mal. Usted tiene una guerra muy grande, pero no le van a vencer. Ruéguese la cabeza, usted ha sido una persona que se ha quitado lo suyo para dárselo a otro. Esto lo ha hecho hasta con sus enemigos, y todo el mundo ha hablado de usted hasta de su honor. También tiene muchas lenguas encima y todo porque le tienen envidia. No suba escaleras de caracol, ni baje a sótanos. Usted puede ir a ver a enfermos. Cuando usted sienta que lo llamen, no conteste sin saber antes quien

156

es. Su suerte es grande y sus sueños claros. Usted no tiene tranquilidad para dormir, le duele la vista o el vientre. No ande con cenizas, ni se eche perfumes en la cabeza, ni se haga nudos en el cuello. No se ponga ropas remendadas. No tenga botellas destapadas en su casa, tape los agujeros que pueda haber en su casa. Dice Bàbá que su suerte esta, así como en un punto de campo. Usted ha hecho algo que lo tiene asustado y temeroso y ese susto se debe, o bien que se ha apoderado de algo que no le pertenece, o usted se ha robado la mujer de otro hombre. Usted ha de tener una hija que será Abikú, hija de Bàbá. Si es hombre el que se consulta, tiene que evitar hacer vida matrimonial, porque su salud no está nada buena y tiene varias mujeres. Hay una persona grande que usted ha estado porfiando con él, o luchando, esa persona va a buscar cosas de muerto para hacerle daño. No salga a la calle hasta después de pasados 7 días. Su mujer tiene que ser negra. A la persona que le sale este ODÙ, hay que untarle en la frente cascarilla de nuevo. Su mujer es una sufrida.

En Osa:
Dice Obatala, que en su casa hay una revolución que, aparentemente esta aplacada puede llegar a ser cosa grave. Que, si tiene intenciones de mudarse de donde vive o de irse a otra parte que no lo piense más, que lo haga. Que se vea con el médico. Que tenga cuidado con el fuego. Que no discuta con nadie. Que no deje dormir en su casa a personas de visita que estén enferma, pues pueden morir en su casa y ocasionales trastornos. Que si le dan algo a guardar lo reciba ante testigos pues es posible que después le reclamen más de lo que le han dado. Que si tiene una piedra desatendida, que le dé, de comer. No ayude a levantar cosas pesadas a nadie. Usted es hija de Oyá y ella le favorece mucho y tiene que hacer Òṣà uno de su familia o Usted misma. Sus sueños

157

son de muerto y usted también sueña mucho con comida. Si se encuentra enferma haga Ebo pronto, porque la muerte la tiene encima y Osa no la dejara tranquila. Cuídese de una traición. A usted le han echado maldiciones. Tenga cuidado con la candela y con los aires malos porque usted tiene la muerte encima y se puede quedar torcida. No vaya a velorios ni a cementerios porque usted no está muy bien de salud. Usted es muy porfiada y la cabeza la tiene muy dura. Usted tiene mal genio y es algo maldiciente. A usted no se le olvida quien le ofende y no le gusta que la gobiernen ni que le contradigan. Cuando usted está molesta no le teme ni a los hombres, quien se la hace se la paga. No use arma encima. No coma carnero, ni galletas, ni nada que tenga dos caras. No se ponga vestidos de cuadros, ni de colores. Tenga mucho cuidado con lo que usted coma, porque por culpa de ese carácter que usted tiene, la pueden perjudicar. A usted la están trabajando con brujería de congo o de muerto. No sea curioso ni tampoco mire de pronto para la oscuridad. No deje su ropa, ni nada que sea de su uso regado. Usted no puede porfiar ni incomodarse (arrecharse). Usted tiene tres enemigos muy fuertes, entre ellos hay uno medio ruso al que a usted ha favorecido mucho y es hoy su más encarnizado enemigo. Usted tiene que darle de comer a su cabeza. Y si tiene una hija cuídela, porque sus enemigos quieren vengarse con ella. Usted piensa una cosa ahora y más tarde se le olvida y entre sus muertos hay uno que está cansado de verla sufrir y por eso se la quiere llevar. Cuando usted sienta que la llaman, no conteste o no responda porque le pueden contestar gente de otro mundo. No tenga lozas ni espejos rotos en su casa. Una persona que entra y sale en su casa, tiene la muerte encima, pues está muy enferma. No guarde nada que sea de muerto. No deje que le cojan su peine, usted tiene un lunar grande o una cicatriz en su cuerpo. Dele de comer a la tierra. Usted tiene momentos en que siente que la sangre se le sube a la cabeza y se pone tan violento, que en ese momento quisiera desahogarse manifestando lo que siente, pero no lo haga, porque al incomodarse(arrecharse) puede ser fatal para Usted. Usted tiene tres amigos y para estar bien tiene que pasar por tres cosas malas primero.

En Ofun Mafun:

Dice Obatala, que es muy confiada, que no le gusta pasar trabajos, pero en esta vida hay que luchar, que, aunque no lo parezca su salud es delicada. Que se vea con el médico. Que tenga limpia su casa. Que no guarde bultos bajo la cama. Que le están haciendo algo para perjudicarla. Que todos sus proyectos están en el aire. Que no investigue lo que no le importa. A usted no le gusta trabajar y se fija en todo lo de otra persona. Su ángel le ha dado dinero y más dinero y usted no correspondió con él. Tenga cuidado con un niño que hay en la casa, que está enfermo. Usted tiene retención en su menstruación. No mire secretos ajenos. Usted va a tener que recibir mano de Ifá. Usted está apurada, donde puede coger una enfermedad y guardar cama por mucho tiempo. Usted tiene un sentimiento grande con un familiar suyo. Múdese de donde usted vive porque allí hay un hoyo o sótano y además, no es casa para usted. Es muy sufrida y se puede morir o volverse loca, porque su cerebro no está nada bien. A usted le cuesta trabajo conciliar el sueño. No fume. Deles gracias a los campesinos, tiene familia o amigos en el campo. No sea curiosa porque se puede quedar ciega. No deje la llave del escaparate (guarda ropas) puesta, porque le pueden ver un secreto y luego la perjudiquen. Usted está embarazada o está enferma de la barriga. Usted es algo maldiciente y tiene una revolución muy grande en su casa. De una esquina a otra de su casa hay una suerte para usted, pero un estorbo no la deja pasar. La casa donde usted vive

159

es algo humedad y oscura, hay cosas de muerto enterrado, por eso siente ruidos allí. Usted se siente bien y de pronto le dan deseos de reír y de llorar y hasta usted misma no se da cuenta de lo que le pasa, teniendo ocasiones hasta de ponerse a bailar sola y es que la muerta está sentada en su casa. Por este motivo no tenga botellas destapadas en su casa, ni amontonar basuras en los rincones. Usted padece de calambres. Trate de no incomodarse (arrecharse) cuando esté contento. No visite a enfermos, no vaya a velorios. Usted protege a una persona que es su enemiga. Usted vive abochornada de un ser que le tiene acabada la vida. No coja la luz de la luna, ni se moje con agua de lluvia. No trate de enterarse de secretos que no le interesan. Usted de seguro tiene un lunar en su cuerpo o una marca grande. A usted todo le sale mal, no coma boniato, ni maní, ni frijoles blancos. No mate ratones. Trate de cambiar o modificar su carácter. No tome bebida, cuando esté sentada a la mesa comiendo y le toquen a la puerta, no se levante para abrir, deje que otro le abra la puerta. Usted se cansa solo de caminar un corto tramo. Mírese la sangre, hay anemia. Usted ha pasado mucho trabajo en la vida por causa de los que le rodean. A usted le gusta el juego, pero no tiene suerte y todo por maldiciones que le han echado. Usted debe la casa. Tenga cuidado con un bochorno. No intente agredir a nadie con arma, porque puede usted salir perdiendo. No se vista de negro. No vista la cama de colores. Si la persona que se está consultando es una doncella, se le dice que tenga cuidado con trastornos en su interior o puede estar embarazada. Le falta la comida y donde se la dan se la sacan y la desacreditan, le levantan falsos testimonios. Tenga cuidado con tumores. Ruéguele mucho a Òṣún y a Bàbá. Mucho cuidado con lo que hace porque puede caer presa. Dice Òṣún que el agua tiene muchos remolinos, es decir, si está en algún negocio abra bien los ojos. Cuídese, que usted tiene abierta la sepultura. Usted más tarde o más temprano se tendrá que operar. No vaya a fiesta o comida porque puede pasar un susto.

En Manulá:
Dice Òbàtála que de tanto que usted sabe, no sabe nada. De que le vale cuando usted le da de comer a su propio enemigo. Que el enemigo esta dentro de su casa y usted no se da cuenta y que tenga mucho cuidado con un objeto de su propiedad que le van a robar para hacerle brujería. La Òṣún le está dando mucho castigo porque ella le tiene las espaldas viradas y si usted se descuida le puede quitar la vida. Cuidado con una barriga, no tome nada para abortar porque se va a perder. Dice Òṣún que ella es su madre y Òbàtála su padre. Que si usted va a dar un viaje no lo realice sin antes hacer Ebo. Dice que usted no tiene que ponerse, no tiene casa o tiene dificultad con la casa. No duerme bien, que hay veces que usted llora y otras que ríe. Usted está maldecida por un familiar. No les falte a los mayores. No de golpes a ningún muchacho y menos por la cabeza. No se vista de flecos. Cumpla para que vea su mejoría.

Obatala habla en los siguientes odu de Ifá:

Ejiogbe; Ogbe Iwori; Ogbe Odi; Ogbe Okana; Ogbe Oshe; Ogbe Ofun; Oyeku Otura; Iwori Ogunda; Odi meji; Odi Ogbe; Odi Okana; Odi Ogunda; Odi Ofun; Irosun Ogunda; Irosun Osa; Irosun Otrupon; Irosun Otura; Irosun Ofun; Ojuani meji; Ojuani Obara; Ojuani Osa; Obara Ogbe; Obara Oyeku; Obara Irosun; Obara Ojuani; Obara Okana; Okana Iká; Ogunda Meji; Ogunda Oyeku; Ogunda Okana; Ogunda Osa; Osa Oyeku; Osa Iwori; Osa Ojuani; Osa Otura; Osa Ofun; Iká Meji; Iká Irosun; Iká Ojuani; Iká Okana; Otrupon Meji; Otura Meji; Irete Okana; Irete

Ogunda; Irete Oshe;Oshe Otrupon; Oshe Otura; Oshe Ofun; Ofun Meji; Ofun Ogbe; Ofun Odi; Ofun Okana; Ofun Osa; Ofun Oshe.

Odu Isalaye de Obatala.........................Oshe Ofun.

Òrìṣànlá u Ọ̀bàtàla en África

Òrìṣànlá ó Ọ̀bàtàla, el gran Orisha o "El rey del paño blanco", ocupa una posición única e indiscutible del más importante orisha y el más elevado de los dioses Yorubas.

Fue el primero al ser creado por Olodumare el dios supremo. Òrìṣànlá-Ọ̀bàtàla es también llamado Òrìṣà o Ọbà-Igbò, o Orisha o el rey de los Igbôs. Tenía un carácter bastante obstinado e independiente, lo que le causaba numerosos problemas.

Òrìṣànlá fue encargado por Olodumare de crear al mundo con el poder de sugerir (àbà) y el de realizar (àṣẹ), razón por la cual es saludado con el título de Aláàbáláàṣẹ. Para cumplir su misión, antes de la partida, Olodumare le entregó el "saco de la creación". El poder que le fuera confiado no le dispensaba, entretanto, de someterse a ciertas reglas y de respetar diversas obligaciones como los otros orishas. Una historia de Ifá nos relata cómo, en razón de su carácter altivo, él se recusó a hacer algunos sacrificios y ofrendas a Eshu, antes de iniciar su viaje para crear al mundo.

Òrìṣànlá se puso en camino apoyado en un gran basculo (insignia) de estaño, su òpá oṣorò o paṣoró, el basculo para hacer las ceremonias. En el momento de traspasar la puerta del Além, se encontró con Eshu, que, entre sus múltiples obligaciones, tenía la de fiscalizar las comunicaciones entre los dos mundos. Eshu, descontento con la recusa del gran

163

orisha en realizar las ofrendas prescritas, se vengó haciéndolo sentir una sed intensa. Òrìṣànlá, para matar su sed, no tuvo otro recurso si no el de perforar la cáscara del tronco de un dendecero (palmera africana). Un líquido refrescante que de él escurrió: era el vino de palma. Él bebió ávida y abundantemente. Quedó embriagado, no supo más donde estaba y cayó adormecido. Vio entonces a Olófin-Odùduà, creado por Olodumaré después de Òrìṣànlá y el mayor rival de éste. Viendo al gran orisha adormecido, le robó el "saco de la creación", dirigiéndose a presencia de Olodumaé para mostrarle su reverencia y le contó en qué estado se encontraba Òrìṣànlá. Olódumaré exclamó: "Si él está en ese estado, va usted, ¡Odùduà! ¡Va a crear el mundo!" Odùduà salió así del otro mundo y se encontró delante de una extensión ilimitada de agua. Dejó caer la sustancia marrón contenida en el "saco de la creación". Era tierra. Se formó, entonces, un montículo que sobre pasó la superficie de las aguas. Ahí, él colocó una gallina cuyas patas tenía cinco dedos. Esta comenzó a arañar y a esparcir la tierra sobre la superficie de las aguas. Donde ciscaba, cubría las aguas, y la tierra se iba alargando cada vez más, lo que en yoruba se dice ilè nfè, expresión que dio origen al nombre de la ciudad de Ilê Ifé. Odùduà ahí se estableció, seguido por los otros orishas, y se tornó así el rey de la tierra.

Cuando Oshalá recordó no encontró a su lado el "saco de la creación". Despertado regresó donde Olodumare. Este como castigo por su embriagues, prohibió al gran Orisha, así como a los miembros de su familia de los Orishas *funfun,* u "Orishas blancos", beber vino de palma y así mismo usar su aceite. Le confió entre tanto como consuelo, la tarea de modelar del barro el cuerpo de dos seres humanos, a los cuales él Olódumaré, insuflaría la vida.

Por esta razón, Oshalá es también llamado de Alámòrere, "el propietario de la buena arcilla". Se puso a modelar el cuerpo de los dos hombres, pero no llevaba mucho en serio la prohibición de beber vino de palma y, en los días en que se excedía, los hombres salían de sus manos contra-hechos, deformados, cojos, jorobados. Algunos retirados del horno antes de tiempo, salían mal cocidos y sus colores se tornaban tristemente pálidos: eran los albinos. Todas las personas que entran en estas tristes categorías les son consagradas y se tornan adoradores de Òrìṣànlá.

Más tarde, cuando Òrìṣànlá y Odùduà se reencontraron, ellos discutieron y se batieron con furor. El recordatorio de esa discordia es conservado en las historias de Ifá, las cuales algunas pueden ser encontradas en los tratados. Las relaciones tempestuosas entre divinidades pueden ser consideradas como trasposición al dominio religioso de hechos históricos antiguos. Las rivalidades entre los dioses de esas leyendas sería la fabulación de hechos más o menos reales, concernientes a la fundación de la ciudad de Ifé, tenida como "la cuna de oro de la civilización yoruba y del resto del mundo".

Ọbàtàla habría sido el rey de los igbôs, una población instalada cerca del lugar que se tornó más tarde la ciudad de Ifé. La referencia a ese hecho no se perdió en las tradiciones orales de Brasil, donde Orishalá es frecuentemente mencionado en los cantos como Orisha Igbô o Baba Igbô, o Orisha o el rey de Igbô. Durante su reinado, él fue vencido por Odùduà, que encabezaba un ejército, haciéndose acompañar de dieciséis personajes, cuyos nombres varían conforme los autores. Estos son conocidos por los nombres de *awọn agbàgbà,* "los antiguos". Esos acontecimientos históricos corresponderían a la parte del mito donde Orishalá fue enviado para crear al mundo (en cuanto, en realidad, él se tornó el rey de los Igbôs) y fue el mito que Odùduà se tornó el rey del mundo, por haber robado a Orishalá el "saco de la creación" (en cuanto, en realidad, él destronó a Òrìṣànlá-Ọbà-Igbò, usurpándole el reino).

Odùduà había venido del Este, en el momento de las corrientes migratorias causadas por una invasión Berbere de Egipto. Ese hecho provocó la dislocación de poblaciones enteras, expulsándose progresivamente unas a las otras, en dirección al Oeste, para terminar en Borgu, también llamada región de los Baribas. Sgún algunos, Odùduà había venido de una distante región de Egipto o de la misma Meca y, según otros, de un lugar cerca de Ifé, llamado Oké-Ọra, donde los invasores habían habitado durante varias generaciones.

No fue sin resistencia que Òrìṣànlá-Ọbà-Igbò perdió su trono. Él reaccionó con energía y él mismo llegó a expulsar a Odùduà de su palacio, donde ya se encontraba instalado. Fue ayudado por sus partidarios, *Orèlúéré* y *Ọbawinni*, pero fue una victoria de corta duración, pues a su vez, fue expulsado por *Ọbamẹri,* partidario de Odùduà, y, así mismo Òrìṣànlá tuvo que refugiarse en Ideta-Oko. *Ọbamẹri* se instaló en la entrada que conectaba este lugar a Ifé para impedir, durante mucho tiempo, la vuelta de Òrìṣànlá a ese lugar. Habiendo este perdido su poder político, conservó funciones religiosas y volvió más tarde para instalarse en su templo en Ideta-Ilê. La corona de Òrìṣànlá-Ọbà-Igbò, tomada por Odùduà, había sido conservada hasta hoy en el palacio de Ọ̀ọ̀ni, rey de Ifé y descendiente de Odùduà. Esta corona, llamada **aré,** es elemento esencial en la ceremonia de entronización de un nuevo Ọ̀ọ̀ni. Los sacerdotes de

Òrìṣànlá desempeñan un papel importante en esas ocasiones. Ellos participan de ciertos ritos, durante los cuales ellos mismos colocan la corona en la cabeza del nuevo soberano de Ifé. Este también, antes de su coronación, debería dirigirse al templo de Òrìṣànlá. Durante las fiestas anuales celebradas en Ifé para Òrìṣànlá, los sacerdotes de ese Dios hacen alusión a la pérdida de la corona de Ọbà-Igbò, recordando su antiguo poder sobre el país antes de la llegada de Odùduà y de la fundación de Ifé. Además de eso, el Óọ̀ni debe enviar todos los años su representante a Ideta-Oko, donde residió Òrìṣànlá. El representante debe llevar ofrendas y recibir instrucciones o la bendición de Òrìṣànlá.

Los dioses de la familia de Òrìṣààlá-Ọbàtálá, el "Orisha, o el rey del Paño Blanco", deberían ser, sin duda, los únicos a ser llamados Orishas, siendo los otros dioses llamados por sus propios nombres o, entonces, sobre la denominación más general de *ebora* para los dioses masculinos. El termino *imọlè*, empleado por Epega, comprendeía el conjunto de los dioses yorubas.

Esa familia de orishas funfun, los orishas blancos son aquellos que utilizan el ẹfun (cascarilla) para adornar el cuerpo. Les son hechas ofrendas de alimentos blancos, como pasta de ñame, maíz blanco, caracoles y lino de la costa. El vino y el aceite provenientes de la palmera africana (manteca de corojo), y la sal son las principales contradicciones. A las personas que les son consagradas deben siempre vestir de blanco, usar collares del mismo color y pulseras de estaño, plomo o marfil.

Los Orishas funfun serían en número de ciento cincuenta y cuatro, de los cuales citamos algunos nombres:

Òrìşá Olufón ajígúnà koari, …aquel que crita cuando despierta

Òrìşá Ògiyán Ewúléèjìgbò, ….Señor de Ejigbô

Òrìşá Àkirè o Ikirè…Un valiente guerrero muy rico que transforma en sordomudo, aquel que da negligencia.

Òrìşá Eteko Oba Dube,…. otro guerrero muy ligado a Òrìşàálá.

Òrìşá Aláşè o Olúorogbo,…..que salvó al mundo haciendo llover en un período de seca.

Òrìşá Olójo

Òrìşá Àrówú

Òrìşá Oníkì

Òrìşá Onírinjà

Òrìşá Ajagemo, para lo cual durante su fiesta anual en Ede, se danza y se representa con mímicas un combate entre él y Olunwi, en lo cual este último sale vencedor y aprisiona a su adversario. Más tarde, Òrìşá Ajagemo es libertado y vuelve triunfante para su templo.

Òrìşá Jayé en Jayé

Òrìşá Ròwu en Owu

Òrìşá Olóbà en Obá

Òrìşá Olúofin en Iwofin

Òrìşáko en Oko

Òrìşá Eguin en Owú….

William Bascom observa que el ritual de la adoración de todos estos Orishas funfun es tan semejante que, en algunos casos, es difícil saber si se trata de divinidades distintas o simplemente de nombres y manifestaciones diferentes de Òrìşànlá.

Òrìşànlá-Obàtálá es casado con Yemowo. Sus imágenes son colocadas una al lado de la otra y cubiertas con trazos y puntos diseñados con efun, en ilésìn, local de adoración de esa pareja en el templo de Ideta Ilê, en el barrio de Itapa, en Ilê-Ifé.

Dicen que Yemowo fue la única mujer de Òrìṣànlá-Ọbàtálá. Un caso excepcional de monogamia entre los orishas y eboras, muy propensos, a tener aventuras amorosas múltiples y a renovar fácilmente sus votos matrimoniales.

Ceremonias para Òrìṣànlá-Ọbàtálá
Las ceremonias públicas para Òrìṣànlá en Ilê-Ifé comenzaran acontecimientos históricos. Antiguamente, las fiestas duraban nueve días y fueron posteriormente reducidas a cinco. Como están en concordancia con la semana yoruba de cuatro días, comienzan y terminan en el día consagrado a Ọbàtálá. En los dos casos observados, comienzan en el día inmediato al del primer cuarto de luna, respectivamente, el 13 de enero de 1977 y el 1ro de febrero de 1978.

Fueron realizados sacrificios de cabras en el templo de Ọbàtálá, en ilésìn de Ideta-Ilê, donde se encuentran las imágenes Òrìṣànlá-Ọbàtálá y de su mujer Yemowo. Una parte de la sangre es derramada sobre las imágenes que, en seguida son lavadas con infusión de yerbas cogidas en el bosque de Yemowo. Esas yerbas son de diferentes variedades, entre las cuales figuran plantas calmantes: ọ̀dúndún (Kalanchoe crenata), àbámọdá (Bryophyllum pinnatum), òwú (Gossypium sp.), efinrin (Ocimun viride), rinrin (Peperomnia pellucida), tètèrègun (Costus afer), etc. En seguida, las dos imágenes son adornadas con una serie de trazos y puntos blancos hechos con efun. Los sacerdotes más importantes, el Ọbàlálẹ̀, guarda de Ọbàtálá, es Ọbàláṣẹ̀, guarda del orisha Aláṣẹ̀, danzan por mucho tiempo en ese primer día al son de los tambores ìgbìn, propios del culto de Òrìṣànlá. Son tambores pequeños y bajitos, apoyados sobre pies o pedestales uno macho y otro hembra. El ritmo es

169

marcado por los eru, hierros achatados en forma de T, tocados uno con otros.

El día siguiente Ọbàlálẹ̀ y Obàláṣẹ̀ hacen el lavatorio o rituales de purificación con las mismas infusiones que la víspera para Òrìṣànlá y Yemowo; sus cuerpos son igualmente adornados con diseños hechos con efun. Las imágenes son bien envueltas en paño blanco y llevadas de mañana temprano, en procesión desde Ideta-Ilê hasta Ideta-Oko. Todos los ingredientes de la ofrenda –ibọ òrìṣà—a ser hachas son levantadas hasta allá. Esas ofrendas constan de dieciséis pescados, dieciséis nueces de kolá y lino de la costa. El día será pasado en Ideta-Oko, recordando el exilio de Òrìṣànlá-Ọbà-Igbò cuando tuvo que dejar el palacio de Ifé.

En el momento de la llegada al bosque, se hace una pequeña parada delante de un árbol isìn, "el que es adorado", y el cortejo penetra más a dentro en un vasto claro, cercado de grandes árboles y marginada de montículos de tierra que parecen ser ruinas de construcciones antiguas. En el centro, se encontraba una especie de grandes potes broca lado con un pequeño agujero a media altura, a través del cual se puede ver el cráneo de animales sacrificados en los años anteriores. Las imágenes son desenrolladas y colocadas en el suelo, de lado para el pote; Òrìṣànlá a la derecha y Yemowo a la izquierda, como el iléṣìn en deta-Ilê.

Todos los participantes se sientan en silencio en el bosque calmo y sombrío. Poco a poco la multitud se amontona. Los tambores ìgbìn tocan de vez en cuando, acompañando los cantos y los oríkì de Ọbàtálá y Yemowo. Se sacrifica una cabra. Se hace una adivinación, con las cuatro partes de una nuez de kola, para saber si los dioses están satisfechos. La cabeza del animal es separada del cuerpo y colocada debajo del gran pote. Recomienzan los cantos acompañados por los tambores. Los sacerdotes danzan. Ọbàlálẹ̀, con aire distante y crispado, está en transe, poseído por Òrìṣànlá.

En el atardecer dos mensajeros del Ọ̀ọ̀ni de Ifé llegan y se paran a la entrada del bosque, cerca del árbol isìn. Traen de parte de su señor, descendiente de Odùduà, una cabra como ofrenda; antiguamente era un ser humano que debía ser sacrificado. El animal es llevado para un pequeño claro, contiguo al local de la reunión. Ya es casi de noche y la cabeza del animal es presa en el suelo por una horquilla. Obàláṣẹ̀, con el rostro tenso y entorpecido por el transe, danza alrededor del pequeño claro y hace varias idas y venidas al local donde están las imágenes de los orishas. Y de seguida, él agarra uno de los hierros eru, en forma de T y con él golpea con fuerza en la cabeza de la cabra matándola. Moja sus manos en la sangre que escurre del corte y las pasa por la cabeza de las imágenes de Òrìṣànlá y de Yemowo.

Un ayudante de Obàláṣẹ̀ arrastra con la horquilla la cabra abatida evitando tocarla y la lanza en la mata. La multitud grita:

"Gbákú lọ, gbárùn lọ!!!"
"Llévate lejos a la muerte, llévate lejos la enfermedad"

En contraste con la primera cabra sacrificada, cuya carne fue cocinada y distribuida para ser ritualmente comida por los presentes en comunión con los dioses, la carne de la segunda cabra, que sustituye a la víctima humana, no puede ser tocada ni comida, pues sería atraer sobre sí a la muerte y las enfermedades, y practicar antropofagia.

Terminada la ceremonia de ese día, las imágenes de los dioses son nuevamente envueltas en los paños blancos,

171

llevadas a Ideta-Ilê y reinstaladas en el ilésìn hasta el año siguiente.

El último día, consagrado a Yemowo, los sacerdotes y sus auxiliares van al bosque sagrado de esa divinidad, al Ita-Yemowo. Llevan allí un asiento de madera esculpida, àgá Yemowo, debidamente lavado y purificado con la infusión de hierbas y adornado con trazos blancos. Uno de los sacerdotes, dedicado a Yemowo, entra en transe poseído por esa divinidad. La expresión de su rostro, con su aire distante, recuerda el transe de Obàláṣè en el bosque de Ideta-Oko, desde luego, más calmo y tranquilo. Transformándose momentáneamente en Yemowo, el sacerdote es revestido con un gran paño blanco y amaran en su cabeza un turbante también blanco. Seguida por una gran multitud, en la cual predominan las mujeres, algunas de las cuales tuvieran hijos por su intercepción, Yemowo, encarnada, va a sentarse en su silla, en frente del palacio del Ọ̀ọ̀ni y por ende el descendiente de Odùduà no se presenta y Yemowo se retira para el templo de Ideta-Ilê. Esta visita de Yemowo es repetida dos veces más sin que el Ọ̀ọ̀ni aparezca; entre tanto a cada vez él envía nuez de kola a Ideta-Ilê por un mensajero.

No obtuvimos explicación sobre el sentido preciso de esta parte del ritual. Parece tratarse de una referencia a los esfuerzos sucesivos que antiguamente hizo Yemowo para restablecer la paz entre Òrìṣànlá y Odùduà y la acogida reticente reservada por este último a los esfuerzos de pacificación.

Òrìṣà Olúfọ́n

Òrìṣà Olúfọ́n, Òrìṣà funfun, viejo y sabio, cuyo templo es un en Ifọ́n, poco distante de Oshogbo. Su culto todavía

172

permanece relativamente bien preservado en esta ciudad tranquila, que se caracteriza por la presencia de numerosos templos, iglesias católicas y protestantes y mezquitas que atraen todas ellas los viernes y domingos, grandes números de fieles de múltiples formas de monoteísmo importados del extranjero. En contraste felizmente, con esas afluencias, el día de la semana yoruba consagrado a Òrìṣànlá solo interesa actualmente a pocas gentes. Exactamente a un núcleo de seis sacerdotes, los Ìwẹ̀fà mẹ́fà (Aájẹ̀, Aáwa, Olúwin, Gbọ̀gbọ̀, Aláta y Ajíbódù) ligados al culto de Òrìṣà Olúfọ́n y unos veinte olóyè, los dignatarios portadores de títulos, que forman parte de la corte del rey local, Ọbà Olúfọ́n.

La ceremonia de saludación al rey de dieciséis en dieciséis días por los Ìwẹ̀fà y por los Olóyè es impresionante por la calma, simplicidad y dignidad. El rey Olúfọ́n, espera sentado a la puerta del palacio reservada solo para él y que da para el patio. Él está vestido con un paño y un gorro blancos. Los Olóyè avanzan, de tejido blanco amarrado al hombro izquierdo, y aseguran un gran basculo o cetro. Aproximándose al rey, se paran delante de él colocan el basculo en el suelo, se quitan el gorro, quedan descalzos, desatan en tejido y se lo amarran a la cintura. Con el torso desnudo en señal de respeto, se arrodillan y se postran varias veces ritmando con una voz respetuosa, un poco grave e indefinida, una serie de votos de larga vida, de calma, felicidad, fecundidad para sus mujeres, de prosperidad y protección contra los elementos adversos y contra las personas malvadas. Todo eso es expresado en un lenguaje indefinido de proverbios y de fórmulas tradicionales. En seguida los Olóyè y los Ìwẹ̀fà van a sentarse a cada lado del rey, intercambiando saludos, cumplimientos y comentarios sobre acontecimientos recientes que le interesan a las comunidades. Acto seguido,

173

el rey manda servirles alimentos, de los cuales una parte fue colocada delante del altar de Òṣàlúfọ́n, para una comida comunitaria con los dioses.

Òrìṣà Ògiyán

Òrìṣà Ògiyán es un orisha funfun joven y guerrero, cuyo templo principal se encuentra en Ejigbô. Fue a ese lugar que este orisha llegó, después de un largo viaje que lo hizo pasar por varios lugares; en uno de ellos, Ikiré dejó uno de sus compañeros que luego se tornó en el opulento Òrìṣà-Ìkèrè. Llegando al punto final de su viaje, tomó el título de Eléèjìgbó, rey de Ejigbô. Por ende, una de las características de ese orisha es el gusto descontrolado que tenía por el ñame pilado, llamado "iyán", que le valió el apellido de "Òrisha-Comedor de Ñame-Pilado" el que se resume en el yoruba por la frase "Òìṣà-jẹ-iyán" y por la contracción Òrìṣàjiyán o Òrìṣàgiyán. Comía ñame día y noche; de hecho, el ñame le era necesario a todas las horas. Dicen que fue el inventor del pilón para facilitar la preparación de su plato predilecto. También cuando un **elégùn** de ese orisha es poseído por él, trae siempre en las manos, ostensivamente, un pilón como alusión a su preferencia alimenticia. Ese detalle es conocido en Brasil por las personas consagradas a Oshagriña que, cuando están en trance durante sus danzas, agitan con la mano infaliblemente el pilón simbólico. Además de eso, la fiesta que le ofrecen todos los años se llama "el pilón de Oshagiña".

Por ocasión de las ceremonias anuales en Ejigbô, la tradición exige que los habitantes de los barrios de la ciudad, Osholô y Oke Mapô, luchen unos contra otros a golpe de varas durante varias horas. Una historia de Ifá explica el origen de esas contumbres con la siguiente leyenda:

174

"Un cierto **Awoléjé**, babalawo y amigo de Eléèjìgbò, le había indicado lo que debía hacer para transformar la aldea de Ejigbô, recientemente fundada en una ciudad floreciente. En seguida se dirigió para otro lugar. En algunos años debido a la aglomeración se tornó en una gran ciudad cercada de murallas y fosos, con puertas fortificadas, guardias, un palacio para Eléèjìgbô, numerosas casas, un gran mercado de dónde venían de muy lejos compradores y vendedores de mercadurías diversas y esclavos. Eléèjìgbô vivía en gran estilo y era costumbre que cuando se hablaba de su persona, designarlo por el término adulador Kábiyèsi (Su Majestad Real). Al cabo de varios años, Awoléjé regresó y, botó al babalawo, nada sabía de la grandeza de su amigo el "Comedor de Ñame Pilado". Llegando al puesto de la guardia en la puerta de la ciudad, pidió familiarmente noticias de Ojiyán. Los guardias sorprendidos e indignados por la insolencia del viajante para con el soberano del lugar, agarraron a Awoléjé lo golpearon cruelmente y lo prendieron. El babalawo, herido, se vengó utilizando sus poderes. Ejigbô comenzó entonces años difíciles: no llovió más, las mujeres quedaron estériles, los caballos del rey no tuvieron más pastos y otros sinsabores. Eléèjìgbò hizo una investigación sobre la prisión de Awoléjé. Ordenó inmediatamente que lo pusiesen en libertad y le pidió que perdonara y olvidara los malos tratos de que fuera víctima. Awoléjé aceptó, pero con una condición: "En el día de las fiestas de Òṣàgiyán, los habitantes de Ejigbô deberían luchar entre sí, con golpes de varas durante varias horas.

Esta flagelación expiatoria se realiza todos los años en presencia de Eléèjìgbò, en cuanto a las mujeres consagradas al orisha cantan los oríkì y golpean en el suelo con **ìṣán**, varitas o cujes de ewé **atori** (Mar Pacífico-*Glyphea laterifolia*), para los muertos y los hacen participar de las ceremonias.

175

Ellas exhortan a Oshagiña para hacer reinar la paz y la abundancia en su ciudad y a mandar a llover regularmente. El ashé del dios es traído del bosque sagrado donde se encuentra su templo.
Terminada la lucha se forma un cortejo precedido por Eléèjìgbò. La multitud entra danzando en el palacio donde los ashé quedaran por algún tiempo. Después retornarán acompañados por Eléèjìgbò y su séquito, hasta el templo de Oshagriña en su bosque sagrado. La multitud luego llena el claro llevando recipientes con ofrendas de alimentos, donde figura en un lugar que se destaque, la masa de ñame bien pisada en los pilones y que será comida en comunión con los dioses.

Odùduà

Odùduà es más un personaje histórico que un orisha; guerreo temible, invasor y vencedor de igbôs, fundador de la ciudad de Ifé y padre de los reyes de diversas naciones yorubas. El Rev. Bolaji Idowu comulga de ese punto de vista cuando escribe que Odùduà se volvió objeto de culto después de su muerte, establecido en el ámbito del culto a los ancestros (y no de una divinidad). William Bascom confirma esa opinión cuando señala que "las personas que culturan Odùduà no entran en trance. Ahora bien, la entrada en trance es una característica fundamental del culto de los orishas.

Al respecto de Odùduà, se acumuló con el tiempo una vasta documentación escrita, tenida como erudita porque estaba constituida por textos, única y valiosa a los ojos de los literatos, pero estos estaban inspirados en escritos anteriores, inexactos y contradictorios con la verdad.

Esta "erudita" tradición continuó al reinar entre los investigadores de áfrica. El padre Bertho publicó en 1950 un artículo, donde él declaraba "haber visto en Porto Novo, el antiguo palacio **Akron**, un altar dedicado a la pareja de divinidades Lisa-Odùduà. Lisa era representada por una calabaza blanca en frente de un muro pintado de blanco, en cuanto Odùduà lo era por una calabaza negra sobre un muro negro. Interesado por esa descripción, fuimos a visitar ese lugar en 1952. La realidad era otra, el padre Bertho hizo una terrible mezcla, pues **Lisa** es, para los Fon, el nombre de Òrìṣàálá de los yorubas, como **Dudua** lo es para los habitantes de Porto Novo. El par era formado por una única divinidad. Había en realidad una calabaza blanca y una parte del muro pintada de blanco, pero era para **Dudua** (que según Bertho, sería negro). En cuanto a la calabaza negra y el muro negro, ellos eran enrojecidos, en homenaje a Shangó.

Recordemos que hay, entre tanto, una pareja de la cual forma parte Òrìṣàálá, pero su mujer es Yemowo. Ella puede ser vista en forma de imágenes, en **ilésìn** del templo de Ọbàtálá-Òrìṣàálá, en Ideta-Ilê, en Ilê Ifé. Estas mismas divinidades llevan los nombres de **Lisa** y **Mawu**, adoptados por los Fon. Ellas son adoradas en el templo del barrio Djena en Abomey y simbolizan: **Lisa** el principio masculino con el oriente o día y sol, y **Mawu**, el principio femenino con el occidente, la noche y la luna. Pero insistimos, ellos corresponden a la pareja Òrìṣàálá y Yemowo y no Òrìṣàálá y Odùduà.

177

Òṣànlá u Òbàtàla en Brasil

Es el padre de la creación, señor de todo, de lo blanco y de la paz. La herramienta de Òṣàlá (Òshalufan) es el símbolo del divino-espíritu, o sea, una paloma sobre un globo terrestre. Y el símbolo de Oshaguian es una ibá(jícara) conteniendo un pilón, escudo, espada y los ñames de Oshalá, o sea, las varas de la justicia y providencia divina.

Nota: El asentamiento de Shangó e Oshalá se realizan encima de un pilón y la mano del pilón queda a un lado.

En Bahía principalmente, Oshalá es considerado el mayor de los orishas, el más venerable y el más venerado. Sus adeptos usan collares de cuentas blancas y se visten generalmente de blanco. El viernes es el día de la semana consagrado a él. Ese hábito de vestirse el viernes de blanco se extiende a todas las personas afiliadas a los candomblés, y aquellas mismas consagradas a otros orishas, tal es el prestigio de Oshalá. Es sincretizado en Bahía con nuestro señor de Bonfim.

Oxanlá en Bahía Brasil

Marcelo Madan y Darío
(Pai y Sacerdote de Oxanlá
de Bahía Brasil),
consagrados ambos en Oxanlá

Comidas para Òşànlá

Canjica blanca: es un plato hecho con granos de maíz cocidos en almíbar, servidos a veces con leche de coco, majarete. En Cuba se le llama Atol, natilla.
Miel de Abeja, Algodón y Agua.
Se cocina la canjica solamente en agua. Después de bien cocinada se coloca en una vasija blanca, se coloca bastante miel de abeja y se cubre con algodón.

Acaçá
Canjica blanca y hoja de plátanos
Se muele el maíz de canjica, se cocina hasta que quede bien durito y se enrollan los bolitos en las hojas de plátanos.

Ñame acará
Se cocina el ñame y después se amasa hasta hacerlo puré, se hacen bolitas con las manos y se colocan en un plato blanco. Se le ofrece a Oshalá.

179

Oxalá

Maê Menininha de Gantois

Made in United States
Orlando, FL
21 May 2025

61457320R00105